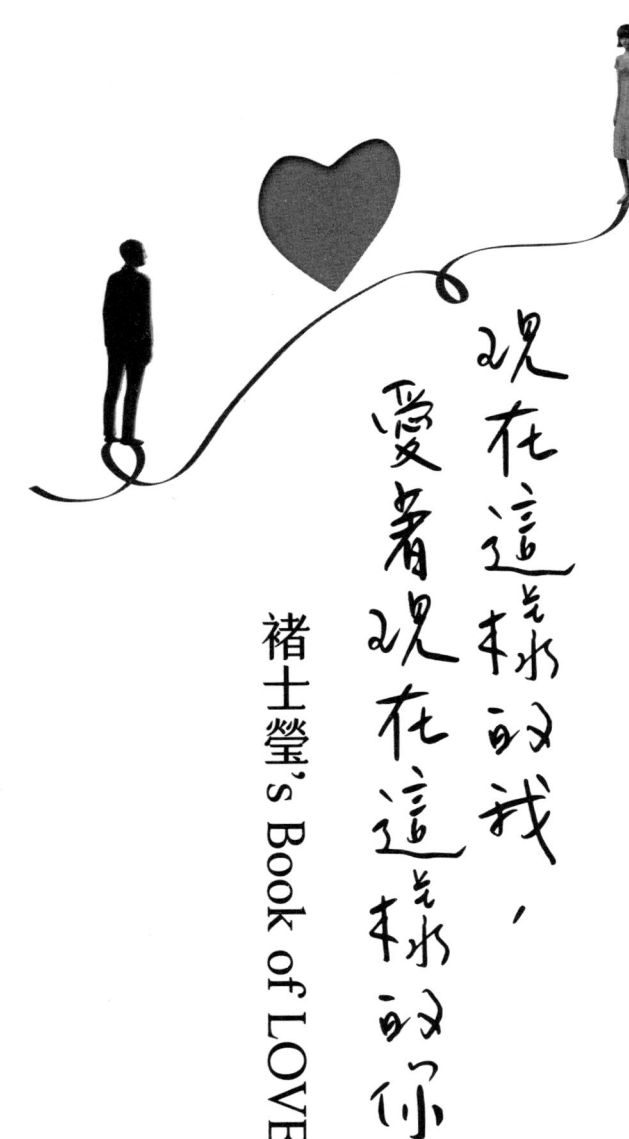

現在這樣的我，愛著現在這樣的你

褚士瑩's Book of LOVE

褚士瑩／著

—目錄—

【第二部】 錯誤的愛？

【第四部】 愛有什麼用？

【序】

一盒蛋應該有幾顆？

我長年在世界各地工作、生活的結果，意識到要求人們達成共識是幾乎不可能的事。

我說的並不是像「世界和平」這樣的大事，而是像「一盒雞蛋裡有幾顆？」這種每天都會遭遇、但卻很少去思考的小事，往往更難產生共識。

在美國的超市，一盒雞蛋，理所當然就是十二顆。然而在泰國，商店賣的盒蛋卻總是十顆。關於「一盒雞蛋裡有幾顆？」這種每一天都會遇到的事上，美國人和泰國人的想法是沒有交集的。

因為事實太簡單、太明顯，以至於我們無法懷疑別人的想法有可能和我們不同，或自己有可能是錯的。甚至有長達好幾年的時間，我根本沒有發現這個區別，只覺得不知道為什麼，當我在泰國的時候，冰箱裡雞蛋消失的速度特別快。

直到開始意識到這個區別後，特意觀察之後，才發現在美國超市裡，其實也有賣小盒的雞蛋，裡面有六顆。神奇的是，泰國超市裡賣的小盒蛋，也剛好是六顆。在「小盒的雞蛋裡有幾顆？」這件事上，美國人和泰國人的想法，卻很神奇的又是一致的。

愛，其實也是這樣。

當我們都在說「愛」這件事的時候，其實我們都以為別人的想法跟我們是一樣的，卻沒有發現有人的愛是大盒裝，有人的愛是小盒裝，有人的愛一盒裡有十二顆，有的人一盒十顆，也有的人的愛卻一盒只有六顆。

但是問題來了：盒子裡的蛋越多，就越好嗎？

我們一定不會這麼說吧？但是為什麼卻很多人認為越多的愛，就是越好的愛呢？

如果愛不能用數量來判斷，那麼要如何去思考愛這件事？

什麼樣的愛才是恰到好處的愛？

這就是我們這本書想要探討的主題。至於使用的工具，是我最喜歡的哲學思考。但是請放心，我喜歡哲學踐行，正是因為可以使用在日常生活當中的哲學，所以絕對不會生澀難懂！

【第一部】

愛是什麼？

1 現在這樣的我，愛著現在這樣的你
——愛可以治癒一切？

「現在這樣的我，愛著現在這樣的你。」
因為過去已逝，現在瞬息萬變，未來還沒到來，一切都無法掌握，不能執著。
我們唯一能掌握的，就是此時此刻，也就是「當下」。

二〇二五年春天第一個陽光普照的星期天，我的車慢慢駛進約克夏郡鄉間家中的車道，一眼就瞥見隔壁鄰居這對老夫婦基斯（Keith）和他的妻子茱蒂（Judy），正坐在前門的草地上，閉著眼睛曬著好久不見的陽光。

雖然只是在自己家門口，基斯像個英國老紳士般，穿著花色素雅的毛衣，頭上帶著一頂白色的巴拿馬草帽，而茱蒂穿著一件小碎花的洋裝，其中一邊的肩帶垂在手臂上，露出白皙的脖子和胸部，享受著陽光的照拂。他們兩個人看起來如此平靜而幸福，讓我覺得我的出現，似乎打擾了他們平靜的片刻。

「啊！Shiro我的朋友，你回來了！」基斯和茱蒂聽到車聲，張開眼睛，笑意盈盈地向我招手。

「你們現在的樣子真好看，我可以為你們拍一張相片嗎？」我舉起我的手機。

我們彼此都知道卻沒有說出來，這可能是他們的最後一張合照了。

茱蒂因為癌症末期，進出醫院很長的一段時間接受化療卻不見起色。一輩子都在醫院裡面擔任護理師的她，很清楚知道這意味著什麼，於是簽了志願放棄治療的同意書，決定回家度過最後的一段時間。雖然茱蒂大多數的時候因為疼痛而躺在床上，但偶爾，像是今天，能夠起身來曬曬太陽，甚至烘一個拿手的三層蛋糕，我也分到了半個。但是這樣的日子，越來越少了。

「六月我就要過九十歲生日了，茱蒂剛才幫我訂了去西班牙兩個禮拜的度假小屋。」基斯向我宣布。

「哇！這真是太好了！」我說。

茱蒂顯然捕捉到我語氣中的一絲詫異，她被陽光曬得紅紅的臉帶著笑容，若無其事地說：

「到時候，我可能已經死了。所以我訂了，讓基斯和他的朋友們一起去。」

基斯充滿愛意地握了握茱蒂因為水腫而肉肉的手指。

「原本基斯不願意，但我跟基斯說：『就算到時候我死了，你還是得繼續活著啊！這有什麼好猶豫的呢？』」

在這一刻，我感受到這對結婚將近七十年的夫妻，他們對彼此的愛，甚至戰勝了死亡。

我們都知道，下一次我再駛進這個車道時，即使陽光普照，基斯和茱蒂很可能已經不會坐在院子裡對我招手了，但此時此刻，他們守護著彼此，如此深深地愛著對方，連對死亡的恐懼，也無法將他們拆散。

因為現在這樣的茱蒂，愛著現在這樣的基斯。

而現在這樣的基斯，也愛著現在這樣的茱蒂。

這樣就夠了，即將到來的死亡，一點都不會減損他們現在對於彼此的愛。基斯和茱蒂或許不是哲學家，但他們正是人應該「活在當下」的證據。

想到「活在當下」，我就想到《金剛經》裡面說三心不可得，「過去心不可得、現在心不可得、未來心不可得。」

其中「過去心不可得」和「未來心不可得」這兩點比較容易了解：因為過去已經過去，當然不可得。未來還尚未到來，當然也不可得。比較難理解的是「現在心不可得」。比如我說：「我現在正在約克夏郡的鄉間」、「基斯和茱蒂現在正在院子裡曬太陽」、「茱蒂現在活著……」明明就有現在，為何說「現在心不可得」？

「過去、現在、未來」的概念，都是把時間當作是線性的，現在跟前後比較，之前的叫做過去，之後的叫做未來，但當我剛一開口說了這句話，剛才那個「現在」已經成了「過去」，所以「現在心」卻也不可得，不僅僅不存在，而且不可掌握、不可執著。

注視著眼前即將滿九十歲的基斯，和即將死去的茱蒂，他們活在每一個「現在」，不去追憶過去的榮耀，不悔恨過去的過錯，更不會盲目憧憬未來，活在幻想中。而是務實地把握今天，珍惜當下。

基斯和茱蒂所活在的「當下」，是每一個快樂的當下、也是痛苦的當下、是順境的當下、當然也是逆境的當下，都能保有自在、清明，不被境遇、情緒所妨礙。

「如果連死亡都不害怕了，那麼因為害怕失戀而不敢愛的人，知道自己錯過了什麼嗎？」我在心裡這樣吶喊著。

2 怕失戀不敢進入關係的你，被自己的恐懼控制了嗎？——愛是沒有恐懼

愛讓我們變得勇敢，敢做出「信任」的決定

基斯和茱蒂的愛，如此微小卻又如此偉大。

之所以微小，是因為他們並不是為了讓世界變得更好，而決定去愛。而之所以偉大，是因為他們有愛，如此勇敢，甚至在死亡面前也不會眨眼。

但是卻有很多人怕失戀。我認識很多怕失戀的人，甚至因此不敢談戀愛，不敢進入一段關係。所以你——像是抱著衝浪板站在海邊的那個人，從早

上日出看到太陽下山，其他比你晚來的人，都衝完浪滿足地回家了，你的板子還是乾的。

你知道該怎麼辦嗎？

在理性和感性之間，你該聽誰的？

你怕失戀嗎？你知道該怎麼辦嗎？

我曾在哲學工作坊上提出以下問題：

請你想像一下，你剛剛失戀。

你跟你的叔叔和祖母住在一起。你的叔叔是位科學家，而你的祖母沒念過什麼書。

你的叔叔會從科學家的角度，對剛失戀的你說什麼？

你沒念過什麼書的祖母，會對剛失戀的你說什麼？

你會比較能夠聽進科學家叔叔的話，還是祖母的話？為什麼？

大可說，他的叔叔會從科學家的角度告訴他：「人生就像一場又一場的實驗，混合不同的化學試劑就會產生不同的反應，失戀就像其中一個試劑不如預期發揮效果的情境，保持好奇與開放的心態，重新檢視配方、探索新的元素、嘗試不同的比例與方法，終將能產生自己滿意的效果。」

而沒念過什麼書的祖母，則很可能會說：「天涯何處無芳草，何必單戀一株草，三條腿的蛤蟆不好找，兩條腿的男人滿街跑。」

「那你會比較能夠聽進科學家叔叔的話，還是祖母的話？為什麼？」我問大可。

他說，雖然祖母的話比較撫慰，但是偏向感性，叔叔的話比較理性，所以應該聽叔叔的。

我相信許多人都會同意大可的這個說法，但是大可也犯了一個常見的思考錯誤：祖母的話聽起來雖然好笑，但如果仔細再看一遍，就會發現她說的每一句話，其實都合乎邏輯。雖然沒念過什麼書，但是我們會說祖母是一個有人生「智慧」的人。而智慧，是符合理性的，所以都符合邏輯。如果祖母算帳，算來算去都差一塊錢，她就會自掏腰包或是算了，因為沒有必要為這一塊錢傷腦筋，這才是理性的態度。

然而科學家叔叔說只要一直嘗試不同的比例與方法，最終一定能夠成功，這句話聽起來很有道理，但是卻不符合理性，因為沒有人可以保證努力就會成功。這種態度，讓科學家成為有「知識」的人，然而把科學當成一種絕對的信仰，其實是非理性的。

大可之所以會選擇叔叔的話，是因為他是一個專業的會計，他們都是把知識當成信仰的人，所以如果帳簿上差一塊錢，會計絕對不能算了，即使花三天三夜去追究原因，也是必要的，一定要直到帳目平衡了才可以停止。對於這種過了頭的理性，丹麥哲學家祈克果在《恐懼與戰慄》中這樣說：「理性的盡頭，就是信仰的開端。」（Faith begins precisely where thinking leaves off.）

被恐懼控制的人，其實還沒意識到「信任只是一個決定」

「知識」和「智慧」兩種方法，都可以達到同樣的目的，在邏輯上都可以是對的，只是路徑不同而已。

因為怕失戀而害怕進入一段關係的人，害怕的並不是關係本身，而是害怕關係結束時沒有人會幫我。就像說自己怕水，以至於不敢學游泳的人，怕的其實不是水，而是怕萬一溺水沒有人幫他。

害怕沒有人會幫我，這種信念，其實是一個「決定」。但是不會游泳的Lydia說，她雖然不會游泳，但去年她決定學習潛水，先試著穿上救生衣浮潛，相信如果要沉下去的時候，救生衣一定會把她托在水上。一旦認識了這點，她決定再進一步相信水肺，讓自己在水下也可以呼吸得到空氣。她也決定相信潛水教練，萬一在水下不能呼吸，教練一定會幫她。Lydia做了一個不同的決定：一定會有人幫我。

Lydia說的是，「恐懼」和「信任」一樣，都只是一個決定。所以雖然

Lydia 到現在仍然不會游泳，但她會潛水了，而且她發現自己其實並不怕水，她怕的是死，怕的是需要的時候沒人幫她。但是 Lydia 一旦決定信任，就會發現自己在水裡並不會死，需要的時候一定會有人幫她，那麼恐懼就自然消失了。

怕談戀愛的人，或是怕水的人，都只要記得：「關係」不是我片面能決定的，所以根本不需要害怕「關係」——無論是我跟另一個人的關係，還是我跟水的關係。

所以怕溺水的人，聽有知識的教練的話就對了！不會游泳的人，也可以成為潛水員，根本不用怕水。

怕失戀的人，聽有智慧的阿嬤的話就對了！「天涯何處無芳草，何必單戀一株草，三條腿的蛤蟆不好找，兩條腿的男人滿街跑。」根本不用怕失戀！

「現在的我」愛著「現在的你」，聽起來雖然只有當下，很不穩定，沒有過去也沒有未來，如何能信任？但信任就是一個決定呀，真正穩定的安全感，必須是內心建構的，不是靠外在環境建構的。被恐懼控制的人，其實是還沒意識到「信任只是一個決定」的人。信任水，信任關係中的對方，信任自己墜落的時候一定會被接住。而面對失戀，就像面對差一塊錢的帳目，到頭來都只是一個選擇用「知識」或「智慧」來面對的決定而已。

3 愛的關係，沒那麼複雜！

——愛的四種表現型

到頭來，愛不過是一種選擇，
愛不愛，怎麼愛，維持關係、斷絕關係，都只是一種選擇！

我們試著來思考一個假設的問題：如果你的另一半犯了錯（甚至犯罪），
身為伴侶的你，會不會支持犯錯（犯罪）的配偶，並且堅守這段愛的關係？

對愛的四種應對

首先來歸納一下，一般人面對愛的時候，無論是愛情、親情、對工作的熱情、還是對神的愛，甚至對自己的愛，最常出現的不外乎以下這四種應對方式：

1. **配合的關係：**

因為我愛對方，多於愛自己，所以我選擇對方的標準。

比如你說一是一，你說二我就不說是一。我願意為了愛你而失去自己，我願意當作你永遠是對的，而我是錯的。活在這種愛的關係裡，代價是自我評價變得越來越低落，或許愛了對方，但是卻逐漸失去對自己的愛，時間長了不免走向自我厭惡。

即使因為川普跟馬斯克的瘋狂行徑造成國際經濟動盪、即使受害也要堅持擁護川普的特斯拉鐵粉，或是即使自己身敗名裂也要支持和伴侶這段婚姻的人，似乎都可以歸類為這種。

2. 衝突的關係：

因為我愛自己，多於愛對方，所以我選擇肆無忌憚地堅持自己的標準。為了「成為更好的我們」，或是為了「成為更好的自己」，讓現在的自己、和過去的自己或未來的自己不斷對抗。我如果說一你不能說二，否則你就是背叛我。以為「堅持＝愛自己」的代價，卻是永遠失去愛。

川普為了愛美國，所以想要對各國實施懲罰性關稅，結果可能造成經濟衰退的大災難；川普和副總統范斯因為對俄羅斯領導人普丁的愛，不惜在和平談判上錯誤地將烏俄戰爭衝突歸咎於烏克蘭總統澤倫斯基；或是網民為了自己對於正義的愛，痛批被炎上的藝人，彷彿自己多麼完美似的，大約就是這種肆無忌憚的愛。

3. 妥協的關係：

這大概是最糟糕的方式，就好像硬生生規定一盒蛋，不可以是泰國的十顆裝也不可以是美國的十二顆裝，而是各讓一步變成莫名其妙的十一顆，沒有人喜歡這個決定。這條「雙輸」的路，既不愛自己、也不愛對方，卻有許多人做這個選擇，因為這是代表高度社會化的表現、往往還會受到稱讚。

最近從加拿大到歐盟到中國，為了維持對美國的愛，反擊美國總統川普的關稅，對美進口產品徵收報復性關稅，刻意要讓親共和黨支持川普的州感受到最大痛苦，但價值觀和加拿大、歐盟趨近的親民主黨、反對川普的州，卻也必須跟著一起受苦。當我們從媒體上看到出包犯錯的公眾人物對已經破鏡難圓的婚姻、家庭的維護，也呈現這種在妥協中兩敗俱傷的局面。

4. 信任的關係：

如果能信任我們之間的「愛的關係」，就會知道這關係不是永恆不變的，不是理所當然的，而必然是動態的，換句話說，就是「現在這樣的我」、在這當下愛著「現在這樣的你」。

這樣的關係很少見，所以我舉個二〇一四年在英國發生的真實事件為例，當年八十九歲的英國二戰老兵伯尼．喬登（Bernie Jordan），他年輕時曾服役於皇家海軍，並曾參與過一九四九年的「諾曼第登陸」行動。年事已高的他，和妻子同住在位於英國南海岸的養老院當中。由於二〇一四年是諾曼第登陸七〇週年，他本來想參加紀念活動，卻未能成功報名退伍軍人協會舉辦的旅遊團。但伯尼並未放棄參與這個活動的念頭，因此決定在活動前一天早晨，穿著整齊、配戴好戰爭勳章後，瞞著所有人悄悄逃離養老院，獨自冒險前往法國。知道自己來日不多，而且非常依賴伯尼的妻子，雖然知道同樣風中殘燭的伯尼，冒著生命危險做完成最後心願的事，可能會讓他們失去彼此，卻還是暗中支持伯尼的「逃亡」。後來這件事躍上國際媒體版面而受到廣大關注，媒體也將伯尼稱為「偉大的逃亡者」（The Great Escaper），英國還因此拍成電影，叫做《一個人的逃亡》。

無論你是伯尼還是他的妻子，我們認為他們應該怎麼做，或是我們認為一個被愛所傷的人該如何處理一段關係，其實都來自於我們自己生命經驗從過去到現在的包袱，跟別人無干，我們不能以為自己有能力決定別人的生活，或是對方決定我們的關係無論是離還是合，沒有誰對、誰錯，也沒有誰需要為誰改變，這個決定來自尊重對方和自己的自主性，也才是在成熟的公民社會，對其他成員最高的信任。

在這四種類型中，你通常是哪一種？

配合的人，往往愛得很卑微。

衝突的人，總是感到孤單。

妥協的人，讓自己和身邊的人都活在愛的監獄裡。

信任的人，則是萬中選一、愛的大內高手。

當然，我們都希望自己是最後這一種人，卻不知道該怎麼做。我們既然不是當事人，怎麼知道別人的愛，不是我們表面上看到的，一方永遠在配合，另一方一直在妥協，而是對彼此高度的信任，就像伯尼和他的妻子呢？

而且再怎麼樣，這都是別人家的私事，真正重要的是，我是否知道該如何思考，才能幫助自己從總是內耗，為了愛不斷在「配合」、「衝突」、「妥協」的關係裡，學會如何走向「信任」。

信任的關係，是不斷透過思考和覺察，求同存異的過程，不需要去改變彼此的認知，爭辯誰才是對的，誰是錯的，因為這兩種現實，背後都有著漫長的文化和生命脈絡，所以這種自我中心的衝突只會帶來兩敗俱傷，但我們藉著這樣的八卦新聞，試著思考自己如何學習開始「跟自己建立愛的關係」，透過思考、模仿、練習，最終學會如何「跟他人建立愛的關係」，那才是最重要的吧！

「關係」說來複雜，其實不外乎四種顯化的形式：配合、妥協、衝突、信任。符合任何其中一項，就證明了我們之間有關係。如果雙方既不用配合、不用妥協、沒有衝突、也不需要談什麼信任，一項都沒有，那就表示我們是沒關係的。

到頭來，愛不過是一種選擇，愛不愛，怎麼愛，維持關係、斷絕關係，都只是一種選擇！

所有的關係，都只是一種決定。決定配合。決定妥協。決定衝突。決定信任。

至於關係的深淺，取決於我們決定願意「失去」什麼，而不是想要「得到」什麼。或許不要去想著川普和他的支持者，或者是打離婚官司的前伴侶，他們想要得到什麼，而是試著去思考為了要維持關係，或是斷絕關係，他們願意失去什麼，即使他們跟我們站在非常不同的立場，甚至敵對的立場，也可以看懂他們的失去、和他們受的苦，都是代價昂貴的。

無論哪一種愛的關係，代價都是高昂的。

是的，恨很簡單，斷絕關係也很簡單，但是那種對愛人、對敵人都可以有的悲憫，或許才是思考真正有價值的成果。

4 成為活在愛裡的人！

——愛是可以模仿的

在泰國，一大盒蛋總是十顆，在美國一大盒蛋則有十二顆，但是在兩個國家，小盒蛋都是六顆。到底誰才是「對」的？雖然聽起來很荒謬，但是我們姑且就試著用「一盒蛋應該有幾顆？」來想「愛」這個問題吧！

我們都希望自己是活在「信任」裡的這種人，卻不知道該怎麼做。這是為什麼我想要透過這本書，用哲學思考的基本方法，讓我們從總是內耗在「配合」、「衝突」、「妥協」的關係裡，學會如何走向「信任」。

信任的關係，就是不斷透過思考和覺察，求同存異的過程，不需要去改變彼此對於一大盒蛋應該有幾顆的認知，爭辯誰才是對的，誰是錯的，因為這兩種現實，背後都有著漫長的文化脈絡，所以這種自我中心的衝突只會帶來兩敗俱傷，但當我們試著將歧異縮減到「小盒的蛋應該有幾顆？」時，卻可以不費吹灰之力就達成共識。

學哲學思考，這時候就變得超級有用了！

當然，如果只有少數人學哲學思考，這個世界無法改變，但若世界上每一個人都學會思考，那麼世界就可以改變了吧！就好像當世界上每個人都接受了算數十進位法作為計算的規則，那麼每個人都會同意 10+2=12，而一打雞蛋等於十二顆。

這又讓我燃起了一線希望：在大事上，要人們達成共識是幾乎不可能的事，但在比較小的事上，人們卻可以有共識。

意思就是說，如果「世界和平」意味著這個世界「沒有衝突」，那是不可能達成的任務，因為在大自然界，衝突原本就是自然的，就像高度不穩定的氫和氧產生化合作用，就是一種衝突，但衝突產生的結果，卻可以是穩定的水。如果氫和氧沒有衝突，我們就不會有水可以喝。要這個世界沒有衝突，就像要求泰國把一盒蛋改成十二顆，或是要求美國人把一盒蛋改成十顆，這樣的要求就太大了。

但如果「世界和平」，意味著面對衝突的時候，選擇不用武力，那麼世界就不會有戰爭，實質的世界和平就會到來，這個目標卻是有可能做到的，就像小盒的雞蛋無論在美國還是泰國，一樣都是六顆。

這就是哲學踐行上「拆解」的技巧，幫助我們把巨大的、無法解決的問題，拆成較小的、可以應付的規格，幫助我們找到規律。

「愛」就可以是這種小事。

我在國際 NGO 組織進行和平工作的時候，也深刻體會到這件事。武裝衝突的兩方，立場是敵對的，就像氫和氧，或是美國跟泰國的盒裝雞蛋一樣，衝突一觸即發。但如果我們縮小到問參與戰爭的每一個士兵：「你參戰的目的是什麼？」這時，我們卻會聽到同樣的答案，每個士兵的答案基本上都大同小異：「我希望能夠過更好的生活」，或是「我希望我的子女、我的人民，能活得有希望、有尊嚴。」所以如果無論敵方或我方的士兵想要的目標都是一樣的，為什麼卻把彼此當成敵人呢？

一旦看到這個荒謬之處，衝突的雙方就可能會選擇放下手中的武器，像極了在「愛」裡，每個關係人只需要一點覺察，就會發現，衝突背後無非都是希望自己跟對方，能夠過上更好的生活，所以我們應該是盟友，而不是敵人。

「但是只有我一方看懂，會有用嗎？」可能會有悲觀主義者這麼說。

當然有用！幸運的是，即使只有其中一方，透過覺察和思考，看懂了這個道理，就可以改變關係的本質。就像只要泰國人和美國人，只要有其中任何一方，理解我們小盒的蛋都是六顆，就沒有人需要是「錯」的。

如果這不是愛，那什麼是愛？

希望這本書，一步一步幫助我們從學習如何「跟自己建立愛的關係」開始，透過思考、模仿、練習，最終學會如何「跟他人建立愛的關係」！

5 有關係、沒關係，都是一種選擇！

——愛是一種選擇

所有的關係，都只是一種決定——
決定配合。決定妥協。決定衝突。決定信任。
至於關係的深淺，取決於我們決定失去什麼，而不是得到什麼。

「關係」說來複雜，其實不外乎四種顯化的形式：配合、妥協、衝突、信任。符合任何其中一項，就證明了我們之間有關係。

如果雙方既不用配合、不用妥協、沒有衝突、也不需要談什麼信任，一項都沒有，那就表示我們是沒關係的。比如作為一個人類，跟藍綠藻就用不上配合、妥協、衝突、或信任。

但是再想想，藍綠藻跟我們生存不可或缺的水還有氧氣很有關係。所以我們人類真的跟藍綠藻沒關係嗎？如果有，那又會是怎樣的關係？

如果你忘了生物課的內容，讓我幫你快快複習一下：藍綠藻是一群三十五億年前就出現在地球的生物。這一群生物是地球上第一批製造出氧氣的始祖，且至今仍然蓬勃生長。也因為它們行光合作用產生了氧氣，進而導致遠古時候地球臭氧層的形成，阻擋有害的紫外線照射，有氧呼吸的發展使得有機物質的分解更有效率，後續方才有其他生物能陸續生存下來。

至於藍綠藻到底是怎麼製造氧氣的，這個機制就比較複雜了：藍綠藻這種古老的細菌到處飄盪，企盼能遇到喜愛的化學食物：水分子。

藍綠藻漂浮在海面下附近，因為含有葉綠素和其他色素而呈現藍綠色。這些色素能吸收含有太陽能量的光子，只要在有陽光的狀況下就能進食，藍綠藻用這些能量把水分解成氫和氧，產生電子，製造ATP（三磷酸腺苷）。然後它們就和化學自營生物一樣，利用ATP合成有機化合物，這個過程稱為我們熟知的「光合作用」。

藍綠菌把水分解了以後，把氫氣當作食物吃掉，然後把氧氣當成廢棄物排出，就像我們人類放屁一樣，這過程稱為產氧型光合作用（oxygenic photosynthesis）。正因水無所不在，所以藍綠藻繁殖的速度非常快，而且在過去三十五億年來持續產出氧氣。這些氧氣飄到大氣中，形成具有保護作用的臭氧層，讓我們的藍色行星免於籠罩於沉沉死氣之中。這是非常複雜的過程，如果剛才匆匆讀過覺得不懂，也沒關係，因為就連今日的科學家也依然還沒解開這個機制的細節。

我們剛才說了，藍綠藻跟人類「沒關係」，但這只是觀點當中的一種，我們也可以說，藍綠藻跟作為人類的你我，有著深刻的關係。

藍綠藻為了吃氫，會一直把水分解掉，釋放氧，但是在大量消耗水的同時，氧又排到大氣中形成地球臭氧層，保護地表水不受紫外線光解後，因氫氣游離大氣層而造成永久性流失，人類要活下來只能配合藍綠藻，藍綠藻在這個關係中扮演隨心所欲的角色，你為了要活下來，只能一直被動接受，那麼你跟藍綠藻就有卑微的「配合」關係，藍綠藻是你的生命之神。

但如果你是一個現代社會的典型消費者，你可能會因為養生而選購螺旋藻這種「超級食物」，同時又因為慢性病在服用凝血劑藥物，螺旋藻副作用的存在，藍綠藻的好處和壞處產生牴觸，既想要吃又不能多吃，那麼你跟藍綠藻就有「妥協」的關係。

如果你要處理自來水，或是魚蝦的養殖戶，你需要水，但是藍綠藻也需要水，只要有水的存在，藍綠藻的存在就無可避免，水源裡快速生長的藍綠藻會阻塞過濾池，產生「藻華」現象會讓淨水變得困難，或是造成魚蝦缺氧死亡，那麼你跟藍綠藻就無時無刻存在著「衝突」的關係。

但是如果你是一個身心靈的愛好者，在青山綠水旁做瑜伽、禪修，殊不知你所愛的綠水就是充滿藍綠藻的水，而靜坐時大口呼吸的氧氣就是藍綠藻排放的垃圾，那麼在這個完美的當下，你跟藍綠藻就有「信任」的關係。

所以，說「藍綠藻跟人沒關係」是合邏輯的。

說「藍綠藻跟人有關係的」也是對的。

人。

愛的關係也是如此——畢竟我們所愛的對象，其實都不是非有關係不可的人。

至於選擇跟藍綠藻有關係的人，可以是配合、妥協，也可以是衝突、信任。藍綠藻本身其實三十五億年來沒有任何改變，唯一不同的是我們選擇自己跟藍綠藻的關係是什麼。愛的關係也是如此——我們和我們所愛的對象，無論是配合、妥協、衝突、還是信任的關係，其實都是我們決定的。

所謂的關係，到頭來，不是由「得到」什麼來決定的，而是由「失去」什麼來決定的。

如果我們什麼都沒有失去，我們就沒有關係。

認為沒有藍綠藻人類就活不下去的，就會卑微的站在配合的角色。因為我選擇相信沒有藍綠藻，我就會失去生命，所以有價值的是「你」不是「我」。

認為藍綠藻亦正亦邪的人，就會痛苦的算計著、妥協著。因為我選擇相信如果沒有藍綠藻，我就會失去健康，所以你我都不能信任，要高度克制。

認為藍綠藻在跟人類搶自然資源的人，就會有強烈的衝突感。因為我選擇相信世界上沒有藍綠藻，我才能活得好，因此不是你死我活，就是我死你活。認為是藍綠藻讓每一個當下變得完美的人，就會對藍綠藻充滿信任。因為我選擇相信，人和藍綠藻共生，只有「我們」，沒有「我」，失去了自主性。看懂了嗎？無論是跟藍綠藻，還是跟人，我們都可以選擇「沒關係」。但是只要我們選擇「有關係」，就是選擇失去某些自由。

家庭不是自由的，如果要自由，那還要家庭做什麼？

同理，婚姻也不是自由的，如果要自由，那還要婚姻做什麼？

無論家庭關係還是婚姻關係，只要「有關係」就是束縛，有些人會說，這是「定錨感」，但是我們常犯的錯誤，就是在選擇「有關係」之後，卻又在關係當中尋求自由，所以痛苦。

有關係就沒自由，想要自由就不要追求關係，不可能同時成立。這就是愛的悖論。

6 你決定「配合」，還是「妥協」？

——愛的輸贏與公平

愛的關係不可能公平，也不需要公平。
如果在愛裡追求公平，都會讓愛的關係走向兩敗俱傷。

有一次的哲學諮商，客戶是才剛新婚就想要離婚的小V。

你有聽過「成田離婚」嗎？這是日本一九九〇年代後期出現的一個詞，指新婚夫婦在出國蜜月旅行中，因一些瑣碎事項導致雙方生活習慣中的缺點暴露，引發不和，蜜月旅行結束後，一回到日本東京一刻都不能等，立刻在機場辦離婚的社會現象，一九九七年還拍過同名電視連續劇。

「那大阪的人怎麼辦呢？」有人可能會問。

請放心，在關西地區也有「關空離婚」這個說法，總之就是「閃離」（「閃電離婚」）的一種。社會學者認為「成田離婚」現象的可能原因之一，是日本的未婚女性出國旅行的經驗一般更豐富，而男性因為社會期待的緣故，一畢業踏出校園就要開始認真上班工作，通常海外旅行相對較少，因此新婚夫婦蜜月旅行期間，除了生活習慣不一致發生口角，也會讓女方覺得本來在國內感覺很厲害的男方，怎麼出了國什麼都不懂，做什麼都怕，生活習慣不同、遺忘護照簽證、不會聽說外語、錯過飛機或火車、行李遺失、選擇旅行目的地意見不合，一個太愛購物，另一個到了國外卻只想待在飯店房間裡睡覺打電動……總之，造成蜜月一結束就提出離婚。

「我們太不同了，這場蜜月旅行每天衝突不斷，好像所有的事情都可以變成衝突。」新婚的小V嘆了一口氣，說，「我正在認真考慮離婚。」

「這樣太籠統了，你可不可以具體舉幾個衝突的例子呢？」我第一步，必須先進行澄清（clarification）的工作。

「實在太多了！比如說，我們在排隊入境的時候，我當然是選最近的隊伍排，他卻一定要選最短的。在航空公司櫃檯 check-in 行李的時候，我希望兩個人一起，他卻為了省時間把我丟下來先去還行李推車。到了飯店在等計程車司機找錢的時候，他竟然要我自己先去辦理入住登記。

「為什麼他什麼都要跟我唱反調？好像每件事情對他來說，都是一場非贏不可的競賽，我做什麼都輸他，怎麼做都不對，他永遠有比我更好的想法或做法，讓我覺得自己很沒用，我的選擇永遠不夠好，我的心真的很累。這樣的人，要怎麼跟他相處一輩子？是不是應該趁還來得及的時候，趕快離婚？」

不同的兩個人有不同的想法，不是很正常嗎？

小V深陷在自己的處境中，我需要幫助她拉出距離來看關於人與人的差異這件事。

「兩個不同的個體，遇到同一件事情，會有不同的反應，或想到不同的作法，你認為是理所當然的，還是特例？」

「是正常的。」小V說。但旋即又補上一句：「可是我們這麼親近，他應該要懂我啊！」

「跟我們親近的人，一定懂我們嗎？」我問她，「你的父母很親近吧！但是他們真的懂你嗎？」

「不懂。」

「兩個長得幾乎一模一樣的雙胞胎，他們在想法上真的不會有所不同嗎？」

「當然也會有不同。不然兩個人不就會變情敵了嗎？那怎麼行！」小V笑了。

「所以有沒有可能，他並沒有要『贏』，他之所以想要排比較短的隊伍，想要同時做兩件事，想要比較快辦完手續，只是希望更高的『效率』，充其量只能叫做『好勝』而已，有沒有可能？」

「嗯，有可能。」

「雖然我不認識你的另一半，他是不是一個比較講求效率的人？」我問小V。

「是。」

「而你相對來說，是不是一個比較不注重效率的人？」

「是。」

「所以，有沒有可能，你們不是不合，只是不一樣？」

我想到史考特・哈特利（Scott Hartley）的《書呆與阿宅》（The Fuzzy and The Techie）這本書裡，強調科技世界中的「技術人」，其實需要所謂的「文科人」來替數位科技提供發展脈絡，為演算法注入倫理，兩者聯手搭檔才能提供最佳解決途徑。

拿電動車的例子來說，「文科人」必須先能夠洞察人們渴求更環保、更有效率的移動，為了解決這個生活議題，「技術人」才會發明電動車來滿足這個市場的潛在需要，因此唯有集結人文和技術的優勢，才能夠為所有非凡的新技術找到市場需求，發揮技術的龐大潛能。

所以小V比較屬於「文科人」，而她的另一半，則比較像個「技術人」。

你願不願意改變自己，去配合另一個人？

「小V，蜜月旅行時，想法、做法通通都不一樣的你們，後來都是怎麼解決的？」

小V回想了一下以後說：

「排隊入境，他看到我沒有要跟著他去比較短的隊伍的意思，就過來跟我一起排隊了。

「check-in 行李，我說不想一個人面對櫃檯，萬一工作人員說什麼我聽不懂，可不可以推車等一下再還，他就沒有先去還推車了。

「他要我先去辦入住手續，我說可不可以等司機找完錢以後，兩個人再一起去辦手續，他就說好。」

「所以聽起來是，他最後都順從了你的意思？」我向小V確認。

「好像是。」小V說，「但是你覺不覺得每件事都要向他提出抗議，才有辦法？這樣真的很累？好像他做什麼都是對的，我怎麼做都是錯的。」

「你有沒有發現，雖然你們這兩個不同的個體，一開始想法、做法都不同，但是只要你提出來以後，他都按照你的意思？」

「有。」

「他每次從原本自己的意思，改變成按照你的意思，都要花很長的時間嗎？還是很快？」

「滿快的，大概兩秒鐘。」

「你一直說他什麼都要『贏』，但是從你的幾個例子看來，他每次都選擇『輸』，而且是輸給你。你有發現嗎？」

「現在發現了。」小V對這樣的逆轉，似乎顯得有點訝異。

「那你想一想，他為什麼會選擇『輸』呢？」

我想要小V仔細想一想，如果兩個獨立的個體，一開始的出發點就不同，想法跟做法不同也是理所當然的，但是只花兩秒鐘，對方就放棄他習慣的方式，配合小V習慣的方式，讓小V「贏」，一個理性的人為什麼會這麼做？

「因為他愛我。」小V說。

「你確定是因為這個原因嗎？」我問。

「嗯，我確定。」

「作為第三者，這樣聽起來他總是在配合你，如果這樣的話，下次再發生意見不同的時候，只要你記得『我們是兩個獨立的個體，當然會有不同的意見』，是不是就不會那麼不舒服了呢？」

「應該是。」

「但是，你也會願意為他而放棄你原本的想法和做法，去配合他嗎？」

「我可以試試看。」小V說。

「如果你願意這麼做的話，可以說說看是什麼原因嗎？」

「因為這樣比較公平。」

原來在你眼中，付出就是一種交易……

這句聽起來很普通的話，其實卻是一個重要的警訊，攫取了我全部的注意力。

因為「公平」是一種「交易」的概念。

但是「愛」應該是一種交易嗎？

「你有沒有發現，你用『交易』的概念，來回應別人對你的愛？」

「這有什麼錯嗎？所有人都是這樣的，不是嗎？」小V覺得受到攻擊，立刻像刺蝟那樣進入了自我防禦的模式。

「會不會你其實並不『愛』他，只是想要『被愛』？」我注視著小V的眼睛說。

「啊！好黑暗！你怎麼會這樣說？」小V有些招架不住。

「這只是邏輯的推論而已。」我說，「因為聽起來他必須先愛你，你才願意斟酌著是否要愛回去。如果這樣的話，你並不是一個愛人，你只是個緊緊抱住愛情收銀機的出納櫃檯。」

小V沉默了。

「或許，離婚對他才是比較划算的喔！」我半開玩笑地說。

「天啊！我永遠不可以讓你們見面！不然你會害我孤獨終老一輩子！」小V指著我的鼻子，彷彿我是魔鬼。

「所以你結婚真正的理由，不是因為『愛』，而是因為『恐懼』，害怕下半輩子孤獨終老，是嗎？」

「啊！哲學諮商太暗黑！太可怕了！」小V奪門而出。但是我知道，她還會回來的。

7 錢可以決定愛嗎？

——務實的愛

錢當然可以決定愛，只是原因和你想的可能剛好相反。

婚姻像個人生福袋：與其勉強要求八十分，何不好好接受五十分？

如果你是愛的信徒，你一定會說：愛跟錢沒有關係。

如果你自認務實，那麼你可能會說：愛跟錢有絕對的關係。

但有沒有可能，這兩種觀點都是錯的呢？

而錢跟愛真正的關係，又是什麼？

這幾年在英國和美國，都做了有趣的研究，分析婚禮開支與婚姻壽命之間的關係。

在公布結果之前，不妨先猜猜看，婚禮開支高、結婚戒指貴的婚姻，會維持得比較長，還是比較短？為什麼？

在美國舉辦婚禮的平均費用差不多是三萬五千美元，但是在舊金山平均是四萬美元、芝加哥五萬兩千美元，紐約曼哈頓則高達七萬七千美元。因此有學者開始好奇，人們選擇結婚的開支，對未來的婚姻有沒有影響？如果有的話，又是什麼樣的影響？哪些開支意味著健康的婚姻，哪些又可能意味著不正常的婚姻？

事實證明，研究人員對三千名已婚人士進行了調查，結果有四個有趣的發現：

1. **婚禮上花費多的，離婚比例更高**。研究發現在婚禮上花費超過二萬美元（遠低於全美國平均數字！）的離婚風險會增加，有百分之十的夫妻在三年內婚姻破裂，而花費在一千美元以下的，則預示著婚禮債務引起的婚姻壓力和離婚風險都會減少。研究人員認為，高額開支可能會給夫妻帶來壓力，使他們面臨離婚的風險。

2. **在戒指上花錢比較多的，離婚比例較高。**越昂貴的戒指，並不會讓戴戒指的人感到越幸福，只會讓買戒指的人和戴著戒指的人，每一次抬手看到造成經濟負擔的戒指的時候，都會感受到婚姻沉重的壓力。

3. **婚禮賓客較多的，離婚比例反而降低。**合理的猜測是，有更多客人來參加婚禮的伴侶，表示有更多的社會支持和更強大的社交網絡，這應該對他們的關係有益。然而也有可能，賓客多的代表更大的外部壓力，像是人情，讓雙方不得不保持在一起。

4. **不惜一切代價度蜜月的，離婚比例比較少。**或許是蜜月象徵著這對新人把共度美好時光而不是存錢放在優先排位。其他研究也有類似的發現：多花時間一起度假的伴侶，可能會降低離婚的可能性。馬來西亞政府甚至實施了一項計畫，讓婚姻不穩定的夫婦去度假，希望改善他們的關係並維持他們的婚姻。

所以對於務實的人來說，如果「在一起」的目標，是建立一種低壓力和穩定的關係，那麼就不應該在婚禮上背負太多財務壓力。這項研究也證實了我們許多人知道的事：人際關係豐富的人擁有最好的婚姻。

當兩個人決定結婚的那一刻，也是選擇了接受，買下了婚姻這個福袋。買福袋，就是選擇了「接受」，接受裡面所有我們喜歡和不喜歡的東西。

我這輩子遇過許多特別的人事物，但這次算是相當奇特的。有兩位哲學諮商的客戶在離婚前來找我，因為夫妻倆從婚前就參加過我的哲學諮商，於是他們提出一個要求，在簽離婚協議書之前，希望能夠一起上我最後一堂哲學課，好聚好散。

對這個特別的要求，我想了很久，要上什麼主題，最後，我選擇的討論主題是「接受」。

「如果能夠努力做到八十分，該不該接受五十分的婚姻？」

聽到我這樣問，這兩個具有完美主義傾向的人，都立刻搖頭說不行。

我告訴他們，「你們的婚姻之所以會提早走到盡頭，都是因為太努力。」

聽我這樣說，他們兩人都露出驚訝的神情。

你是「接受」本質，還是「拒絕」本質？

我們從「菜園茶」開始說起。菜園茶是安徽傳統鄉下農家隨意種植在房前屋後的茶樹，平時沒有特地去打理，到了採摘的季節就摘下來，隨意地處理一下，當做自家日常的茶飲，和市面上專業手法處理過的茶葉相比，沒有什麼經濟價值。

如果滿分是一百分的話，那麼這種菜園茶就是五十分的茶。「菜園茶到底是因為主人沒有期待，而變成了五十分的茶，還是因為本身就是五十分的茶呢？」

這對即將簽離婚協議書的夫婦討論之後，共同認為是主人有沒有傾注心血，對這個茶有負面的影響。因為即使天生只有五十分的茶，好好的當好茶那樣去進行低溫烘焙、去包裝、去行銷，甚至焙茶的時候加上一些鮮花，是可以加分不少，勉強推上八十分的。

「你們這麼用力的要讓五十分的菜園茶變成八十分，是『接受』這棵茶樹的本質，還是『拒絕』？」我問。

原本兩個人都認為這是一種「接受」，但是當我提出大部分的父母作為例子，他們卻改變答案了。孩子雖然是父母生的，遺傳了父母的基因，包括智力與能力，但這些再平凡不過的父母，卻總是有一種執念，認為自己生的孩子，經過栽培之後，在學校的成績表現，一定能比自己小時候更好，讀書比自己小時候更認真，玩得更少，更加聰明，永遠名列前茅，最好是能夠考進資優班，跳級保送，否則就是自己的教育失敗。

「五十分的父母，不能接受自己生出五十分的孩子，卻要求孩子要有八十分，甚至一百分的表現，這是『接受』孩子真正的樣子，還是『拒絕』呢？」

接受五十分的現實，容易嗎？

我們的期待落空，往往是因為不能接受自己或是親密家人的原本樣子——無論是父母、子女、還是伴侶，竟是如此平凡、只有五十分的難堪事實。

菜園茶之所以是菜園茶，正因為菜園茶的主人可以全然接受這茶的平庸，允許它隨意自由生長，自我克制不去傾注過多的心血，否則就不是菜園茶了。因為過多的努力，被哄抬成八十分的菜園茶，也只有這麼一次輝煌，如果因此相信了菜園茶本質就有八十分，每次收成都該有八十分的水準，甚至朝向一百分邁進，最後難免期待落空，以悲劇性的失敗收場，因為無論再多麼努力地妝點，菜園茶總會有露出五十分的苦澀本味之時。

「就算用最昂貴的鑽石和玫瑰，襯托得天衣無縫，被外人公認為一百分的藝術品，但總會有一個人知道自己是山寨貨。你猜是誰？」我接著問。

「是自己。」丈夫此時流下了眼淚。

「你知道五十分的菜園茶，跟五十分的婚姻，其實如果接受了，也可以有滋有味地過一輩子嗎？」我輪流注視著他們倆，兩人的眼睛都垂下，避免跟我的眼神接觸。

我想起了許多離鄉背井的安徽農家子弟，逢年過節回老家的時候，總要帶上好幾斤家裡的菜園茶回到城市去，因為他們懷念菜園茶純樸、誠實的苦澀味。

但是我也知道，對於自認為社會精英，認定了自己是從八十分往一百分邁進的人來說，要接受五十分的自己，五十分的現實，談何容易。

婚姻這個福袋，「接受」就能好好過一輩子

「雖然已經來不及了，但是要怎麼接受五十分的婚姻呢？」妻子打破沉默問。

「你買過百貨公司的福袋嗎？」我問她。

買福袋，就是選擇了「接受」，接受裡面所有我們喜歡和不喜歡的東西。

兩個人決定結婚的那一刻，也是選擇了接受，買下了婚姻這個福袋。人的一生就像福袋，都是打包上市的。不透明的福袋包裝裡，裝滿了喜歡的跟不喜歡的東西。有時候變質的是對方，就像過期的食物過了賞味期限，隨著歲月走味了。也有時候，改變的是自己，原本喜歡凱蒂貓的小女孩，隨著時間跟品味的改變，變得不喜歡了，而凱蒂貓其實就像菜園茶，一直沒有嘴可以為自己發聲，也從來沒改變過。

「所謂『接受』，就是接受全部，不能任性的只選喜歡的，而丟棄不喜歡的。每一個人生、每一個婚姻，都是一個福袋，裡面裝的東西未必都是你喜歡的。」

有些婚姻是有愛的關係。有些婚姻則是合夥人的關係。兩種婚姻只要接受，其實都能過好。

夫妻之間有不少的產業外包，比如孝順跟教養，就是最大宗的兩種婚姻外包，通常是不願意自己盡孝的兒子，將「孝順」外包給媳婦，不願意自己教養子女的丈夫，把「家庭教育」外包給媽媽。如果接受外包的一方可以得到自己渴望的東西，像是舒適的生活、社會認同、或是自我實現，那麼這種合夥型態的婚姻並沒有悖德，只是雙方各取所需，關鍵在於是否「公平」。

合夥人關係的婚姻和有愛的婚姻，雖然本質不一樣，有時候婚姻會從合夥人走向愛，也有時候會從驚心動魄的愛走向銀貨兩訖的合夥關係，但是只要接受，都能好好過一輩子。

結婚的時候，下了決定接受一個沒有打開的福袋，結婚一段時間以後，卻說不能接受這個打開的潘朵拉盒子，突然要蓋上它，這樣當然不是不行，只是會讓自己成了人生百貨公司的奧客。

當然，如果面臨的是二十分本質的婚姻，裡面充滿了暴力、欺騙，那又是另一回事了。沒有人應該接受二十分的婚姻。

「不管你們接下來做什麼樣的決定，請不要太努力，把自己弄丟了。」這是我在最後一堂哲學課，送給他們的最後一句真誠祝福。

8 讓生命更開闊，懂得去愛這三種人很重要！

——愛是一種邏輯

其實只要做到兩件事，就能減少對於愛的誤解：第一，對自己了解得夠深。第二，對世界知道得夠廣。

對那些自我了解夠深的人，我們會說他生命「有深度」。比如很多粉絲支持某個明星，有人則被另外一個明星圈粉，兩個明星都毫無疑問有他們值得喜歡的地方，然而「喜歡」或「不喜歡」只是很表面的直覺，但是我們仔細思考過為什麼其中一個讓「我」覺得「喜歡」，另一個人讓「我」覺得「不喜歡」嗎？

思索這些直覺跟感受背後的意涵就會發現，「我」的想法，往往不是「我的」。我的母語，生活情境，教育背景，家國情懷，政治立場，都會決定我的想法，而這個探索的過程，就會讓我們對於自己產生更深的了解。

對世界知道得很廣的人，在看到一個人的時候，就可以相當準確地判斷這是一個會喜歡嘻哈的人，還是喜歡古典音樂的人，或者是根本不喜歡音樂的人。我們常說一個很有歷練的人「世面見得很廣」。這樣的人，「常識」特別好，因為不只知道自己怎麼想，還能夠知道跟自己不一樣的人會怎麼想，知道喜歡嘻哈的人跟喜歡古典樂的人，都是愛音樂的人，就是一個生命「有廣度」的人。

不同的朋友，讓你從不同角度看世界

你羨慕那種常識很好、知道別人怎麼想的人嗎？其實經過哲學思考的練習，每個人都可以成為這種厲害的人。

我在《給自己十樣人生禮物》這本書裡，其中有一樣給自己的人生禮物，就是讓自己身邊有這三種朋友，第一種是「年紀差距大」的朋友，那些忘年之交能夠幫助你跨越代溝，理解不同世代之間的思維邏輯。第二種是「使用不同母語」的朋友，語言是文化的表現形式之一，承載著不同的文化精神，能夠幫助你拓展對異文化的理解力與包容力。第三種是「社經地位不同」的朋友，社會經濟地位形塑了人們的價值觀和世界觀，與不同社經地位的人相處，也能幫助你思考社會的更多面向。

其實交往這三種朋友的目的，就是為了要成為一個擁有生命廣度的人。

第一種，世代跟自己不同的朋友，可以是年齡比我們自己大很多，也可以是比我們小很多的人。許多人隨著年紀漸長，就會感嘆「人心不古、世風日下」，如果你是一個聽不慣嘻哈的人，可以透過理解為什麼另外一個跟我們自己不同世代的人，會說他們喜歡民歌、校園歌曲，會被鐵達尼號的電影配樂、Kenny G 的薩克斯風感動，或是說他們喜歡 R&B、古典樂、黃梅調、爵士藍調，這些差異都是合理的。「時代」的制約，不能代表品味的高尚與粗鄙，甚至可以透過這樣的朋友，學習去理解為什麼別人這些違反我們直覺的選擇，也可以是充滿趣味的。

第二種，語言跟自己很不同的朋友之所以重要，因為使用不同語言思考的人，就會對個人產生不同的邏輯、對群體形成不同的文化。這語言不需要是外語，也可以是不同的方言。比如母語是閩南語的臺灣人，思考路徑跟母語是客家語的臺灣人，就會有所不同。

比如從小耳濡目染客家諺語「早起三朝當一工」的人，不假思索地相信，每早起三天就相當於又多做了一天的工作，所以就會比沒有從小聽這個諺語的人更加認定勤勞、早起是好的，但沒有想到在邏輯上，就單單是「加班」的概念而已，而「加班」跟「早起」並沒有邏輯上的關聯，因為加班當然也可以是夜班，不需要是晨班。

相同的，從小被規定要背誦民國二十四年公布的「青年十二守則」的人，會把「助人為快樂之本」當作合理的因果關係，就不會去思考「快樂」跟「助人」之間其實根本沒有邏輯關係，以至於幫助人自己卻感受不到快樂時，在道德上就會產生自責的心態。

但是如果有機會問一個沒有受到這些語言、文化影響的西方人，對於「早起三朝當一工」、「助人為快樂之本」的看法，就會很驚訝地發現，這些我們從小認為理所當然的道德價值觀並不是普世的。

重新覺察你理所當然以為的

第三種，是社會經濟地位跟自己很不同的朋友。我有一個專門在做海外代購名牌包包的朋友，大概是對於那些想要知道怎麼跟他一樣靠代購賺錢的朋友，感到不耐煩，所以最近在臉書上貼文說「真正會賣東西的人，是不會教你怎麼賣東西的。因為他們自己賺錢都來不及了，根本沒空理你。」但如果我這個朋友，認識真正的有錢人，就會知道擁有造價十億臺幣的遊艇主人，其實很愛教別人賺錢的方法，一點都不吝嗇於生財秘笈，而且一講到教人賺錢，永遠有空，因為這就是富人最愛、而且最擅長的話題。怕人家學會自己賺錢的方法，其實是典型的窮人思維，沒有意識到這點，就無法向下挖掘，看見自己光鮮亮麗的外表下，其實早被不安的匱乏感所填滿。

這一套讓自己變得有常識的方法，透過了解跟自己不一樣的、別人的想法，覺察、甚至改寫自己受到制約的想法，也就是亞里斯多德「白板學說」的生活應用。

當我們能夠像未經世事的孩童一樣，向跟我們自己不同的人提問時，才有機會跳脫框架，回到根本，覺察到那些自己以為知道，但其實根本不知道的制約，重新思考「嘻哈」、「本土」這些名詞對自己的意義，「早起三朝當一工」、「助人為快樂之本」的邏輯真偽，讓自己擴充生命的廣度，成為一個有常識的人，然後才可以理直氣壯地擦掉別人寫在我們白板上那些理所當然的鬼話。

畢竟，這是我的生命，我的白板，我自己可以決定要寫什麼、要怎麼寫！有「常識」，真的超重要啊！

【第二部】

錯誤的愛？

9 童話裡如果沒有王子，還會有公主嗎？
——愛的社會建構

從安徒生的豌豆公主到英國王妃凱特，誰是真正的公主？

我們在意的「真愛」又是什麼？

愛必然是不自由的，自由的就不可能是愛。說得殘酷一點，愛根本是社會建構的一部分，維持著社會運作。

以現實的例子來比喻，想像一下英國王室吧！

威廉王子的妻子凱特選擇了「配合」的愛，在世人眼中成了「真正的公主」，而哈利王子的妻子梅根選擇了「衝突」的愛，在世人眼中則成了「冒牌公主」。這跟血統無關。為什麼會這樣說呢？

最近在哲學工作坊裡，我們重讀了《安徒生童話》。小時候讀《安徒生童話》，跟長大以後從哲學思考的角度來看，才發現故事裡面有很多以前沒注意過的小細節。循著這些線索思考，有一種童話故事一秒變鬼故事的驚悚感覺。

拿最熟悉的〈豌豆公主〉來說吧！這個在《安徒生童話》中幾乎是最短的一篇，原文直譯是這樣的：

從前，有一位王子想要娶一位公主；但她必須是一位真正的公主。他走遍世界各地尋找，但他找不到他想要的東西。公主已經夠多了，但很難確定她們是不是真的公主。她們身上總有一些不對勁的地方。於是他又回到家，很傷心，因為他非常希望有一位真正的公主。

一天晚上，一場可怕的暴風雨來了。電閃雷鳴，大雨傾盆。忽然城門外傳來敲門聲，老國王去開門。

站在大門前的是一位公主。但是，天哪！雨和風使她看起來多麼……怎麼說呢，水從她的頭髮和衣服上流下來；它流到她的鞋尖，又從鞋跟流出。然而她說她是一個真正的公主。

「好吧，我們很快就會知道的，」老王后想。但她什麼也沒說，走進臥室，把床上所有的被褥都拿下來，在床底放了一顆豌豆。然後她拿了二十張床墊放在豌豆上，接著在床墊上放了二十張鴨絨被。

為此，公主不得不整夜躺著。早上她被問到睡得怎麼樣。

「哦，非常糟糕！」她說。「我整個晚上幾乎都沒有闔上眼睛。天知道床下放的是什麼東西，我竟然躺在了硬硬的東西上，弄得我渾身青一塊紫一塊的。這太糟糕了！」

現在他們知道她是一位真正的公主，因為她感覺豌豆穿過二十張床墊和二十張鴨絨被。除了真正的公主，沒有人會像那樣敏感。

於是王子娶了她為妻，因為現在他知道他有一位真正的公主了。豌豆被放在博物館裡，如果沒有人偷走它，它仍然可以在那裡被看到。

你聽到的是一個真實的故事。

王子等一下！什麼叫「真正的公主」？

我認為值得思考的，並不是「公主怎麼爬上去二十張床墊的頂端睡覺，是要撐竿跳嗎？」這種技術性的問題，其實第一行還沒讀完，我就已經理智斷線了。

王子你給我等一下，什麼才叫「真正的公主」？你要不要先證明給我們看一下，你為什麼是「真正的王子」？如果你自己無法證明，憑什麼要別人證明她是「真正的公主」？

身為男性，從小到大，我被教導要像個「真正的男子漢」，但從成年到現在多少年了，我還是不知道什麼叫做真正的男人。

現在想想，會看到強調「真男人」的場合，要不是在賣來路成分不明的補品、風化場所促銷的話術，就是要情緒勒索對方幫你承擔你自己不想承擔的責任，似乎跟生理性徵或睪固酮數量沒什麼關係。

同樣的，過去在臺灣中小學生每一本寫字練習簿上，都印有先總統蔣公遺訓「做個活活潑潑的好學生，做個堂堂正正的中國人。」有誰可以跟我解釋一下，什麼叫做真正的好學生？活潑就是好學生嗎？那為什麼從小學校老師都把班上特別活潑的學生當作問題學生？在臺灣什麼人叫做真正的中國人？一個德國人如果堂堂正正，就會變中國人的意思嗎？還是德國也有在強調要當一個堂堂正正的土耳其裔德國人，法國也會教育學生要當一個堂堂正正的法屬圭亞那人？

光這樣一想，就讓人對這個王子很生氣啊！

好呵，先不要生氣，深呼吸……吸氣……吐氣……吸氣……吐氣……

反正王子要找真正的公主，公主也想證明自己是真正的公主，這兩個人王八配豌豆，我們可以先不去評斷。先來想想要認證，真正的公主要符合哪些條件吧！

凱特能配合演好「真正的公主」，梅根呢？

藏傳佛教裡面喇嘛轉世，不同派別有不同的特定認證方法，感覺跟王子要找真正的公主一樣，在雲裡霧裡，真是不好說。務實的現代讀者如我，就會在旁邊乾著急，

「為什麼不看一下公主的身分證呢？」

「抽血比對一下DNA啊！」

「找徵信社去公主的國家蒐證一下，不就知道了嗎？」

但是顯然王子跟王子他媽媽，跟我們一般人想的都不一樣，所以才會突然搬出二十張床墊和二十張鴨絨被，是說誰家會隨時放二十張床墊和二十張鴨絨被呢？貧窮真是限制了我的想像。

如果讀者認為安徒生要說「敏感」、「纖細」就是判斷真正公主的標準，那你可就大錯特錯了，因為故事的一開場，就可以看到公主明明是可以承受狂風暴雨的，所以什麼樣的人，明明可以承受可怕的暴風雨，卻承受不了二十張

床墊和二十張鴨絨床底下的一顆豌豆？

答案在這裡呼之欲出了：真正的公主，是一個知道自己必須演公主這齣戲、也知道該怎麼演公主這齣戲的人。

以現實的例子來比喻，威廉王子的妻子凱特就是「真正的公主」，而哈利王子的妻子梅根就是「冒牌公主」。這跟血統無關。怎麼說呢？記得凱特在產下小公主夏綠蒂，而且在夏綠蒂出生後十小時，就火速出院（！），畫了全妝（！），穿上短袖（！）黃色碎花小洋裝，腳踩高跟鞋（！），抱著剛出生的小公主，站在丈夫威廉王子旁邊，在路邊吹風（！）讓媒體拍攝，整個人看起來容光煥發（！），在媒體前微笑的照片嗎？

不知道這照片讓多少有坐月子習慣的華人婦女心生疑竇，動搖了堂堂正正中國人的信念。因為太顛覆華人思維，中華兩岸月子母嬰行業協會理事長還要第一時間跳出來，義正嚴辭的表示英國王室的作法不值得模仿，理由是「東西方的飲食習慣不同，體質也會不同，不能一概而論。」他認為坐月子的目的是要恢復體力、調整內分泌、協助內臟回復原位，並讓子宮回到骨盆腔，如果月子沒坐好的話，恐怕會有掉髮、乾眼症、身材走樣和生理期亂掉等現象。意思就是說，凱特王妃永遠不可能成為堂堂正正的中國人。（還好凱特王妃應該也沒有想要成為堂堂正正的中國人。）

凱特王妃真的生個孩子像大個便一樣輕鬆嗎？難道她是超人？當然不是，凱特只是一個機師跟空服員生下的女兒，大學畢業以後很久沒在工作，因此還被媒體譏笑只是在等著王子跟她求婚。但是她知道一旦嫁入王室之後，該做什麼，不該做什麼。凱特真心相信自己就是公主，必須把公主的戲演好，所以在演公主的時候，一點都沒有覺得自己在Cosplay。

同樣平民出身的梅根就不一樣了，她總是覺得自己的公主角色是假的，所以才會只要一有機會就想要「做自己」。所以動不動就向媒體控訴自己「失去自由」，受到「種族歧視」，還說，自從她嫁入皇室，就被收走了護照、駕照和鑰匙，「皇室幫助散播謊言」、「婚禮前明明是凱特把我逼哭，媒體卻說是我惹哭了她」、「因為自己的黑人血統，皇室擔心孩子太黑，修改規則讓他得不到王子頭銜」、「皇室裡，沒人站出來幫助我們」。

等一下，我有沒有聽錯？梅根是被騙去柬埔寨，加入了詐騙集團嗎？

哈利王子跟梅根倆現在成了英國平民最討厭的皇室成員，不是因為哈利王子的血統跟威廉王子不一樣，也不是梅根有黑人血統，而是這兩個人不認為自己需要演好「王子公主從此過著幸福快樂的生活」這齣童話故事，以至於王子不像王子，公主不像公主，因此他們才無法成為「真正的王子」跟「真正的公主」。

假的公主，才會在意「事實」，不惜衝突

每一個真正的王子，真正的公主，都必須有「無謂的堅持」。比如公主就算孔武有力，武功蓋世，也要等著王子來城堡救她，不可以自己破牆而出，否則就亂了公主的人設。

真正的公主，在必要的時候，要能夠全心全意放下真實自我，來演出符合公主人設的橋段。這時特意強調「真實」、「自我」是愚蠢的。當凱特王妃在

產房生孩子的時候，當然就是一個普通的女人，公主的身分不會讓夏綠蒂無痛順產，任何女人生孩子的時候，都不是演公主的時候，而是產後立刻盛裝神采奕奕抱著新生嫩嬰站在街上跟媒體揮手致意時。大家都知道這是在演戲，凱特並不想微笑揮手，記者也不想鼓掌歡呼，但正是願意違背真實意願、接受自己一定要演好公主，心平氣和的成就這些「無謂的堅持」時，一個普通產婦，此時就成了「真正的公主」。

豌豆公主說自己在二十張床墊和二十張鴨絨被上睡到烏青，也是清楚知道自己什麼時候要演公主這個橋段，絕對不是在狂風暴雨中落難時，而是在王子跟他老母用豌豆在探問時。

你想要當威廉和凱特，還是哈利和梅根？

每一個公主和王子，都需要認清，在配合皇室、偽裝自己的時候，在世人的眼裡才是真的貴族；而在選擇和皇室衝突、做自己的時候，世人看到的是假貴族。

不管你做什麼決定，都可以是對的。當真的王子、公主，不見得比較幸福，當假的王子、公主，也不見得失去什麼，重要的是你是不是勇敢做了選擇。凱特選擇在愛裡的關係，配合對方，失去自己也無怨無悔；梅根則選擇了奮力衝撞，粉身碎骨也在所不惜。兩種公主的故事，都可以是偉大的愛情。

童話中公主和王子當然過著幸福快樂的生活，這從來就跟事實無關。因為只有假的公主，才會在意事實。

10 愛越多越好嗎？——關於「愛」的十個誤解

如果你不知道自己的預設是「朋友越多越好」，那麼無論朋友多或是朋友少，應該都承受了很多關於人際關係的痛苦。朋友多有多的痛苦，少也有少的痛苦，就跟邦交國一樣。但重要的不是朋友的數量，而是什麼？

在一次親子哲學工作坊中，有一個八、九歲的孩子平靜地說：「我覺得我從小到現在感受到的愛很少，我自己也是一個沒有什麼愛的人。」

他的母親在旁邊坐立難安，下課後急著來尋求我的幫助。

於是我問她：「他是一個朋友多的人，還是朋友少的人？」

「他幾乎沒有朋友。」這位母親說。

「那麼你自己呢？你是一個朋友多，還是朋友少的人？」我問她。

「我也是沒有朋友的人。」

「一個沒有朋友的人，覺得自己得到的愛不夠，會說自己感受到的愛很少，甚至沒有愛，是合理的說法，還是不合理的說法？」

「這是合理的。我自己其實也有同樣的感受。」這位母親說，「只是我沒有想到，我的孩子年紀這麼小，也變成了跟我一樣的人。」

「這聽起來很沉重。但是讓我先問你一個比較不沉重的問題：愛，越多越好嗎？」

目前全世界邦交國最多的是日本，一共有一百八十八個，幾乎全世界的國家都是日本的邦交國，所以拿著日本護照到全世界二百二十七個目的地，有其中一百九十三個享有免簽證的待遇，比日本更多的只有新加坡，能夠免簽前往一百九十五個目的地。

也有些人臉書有五千名好友，爆滿不能再加了只能開放追蹤，或者是社群媒體帳號幾百萬人、甚至幾千萬人追蹤的那種。葡萄牙足球運動員羅納度的ＩＧ，截至我寫這篇文章的時候，擁有六億五千名個關注者，梅西也有將近五億個，南韓女子天團 BLACKPINK 泰籍成員 Lisa，她的個人粉絲數也突破一億大關。萬一得到他們其中一個人在你的ＩＧ帳號按一個讚，那很可能會是上新聞的大事，或是被視為榮耀的巔峰。

但是朋友真的「越多越好」嗎？會不會我們真正想要的，並不是更多的朋友，而是更多的關注？

會不會我們以為只要更多的關注，就等於更多的愛？

我常常舉一個例子，是我跟初相識的德國朋友常開的玩笑，

「信不信？我可以一猜就知道你有幾個好朋友。」

「怎麼可能？」他們完全不相信。

「你有三個好朋友。」我說。

「你怎麼會知道！」德國人覺得這簡直是太神奇了。

「因為你們德國人，每個人都剛好有三個朋友，不多不少！」我總是笑著解釋。

一開始聽到這種說法，我的德國朋友們都會覺得我胡說八道，但是仔細算算，才發現他們真正的好朋友，的確就是不多不少，剛好三個。

對於務實的德國人來說，要開一臺車出去玩，四個人剛好。一起吃飯，一桌四個人剛好，不多不少，可以聊天深談，又不會無聊。除非其中一個人搬到外地，或是不幸去世，否則成年的德國人不會去交新的好朋友，「我已經有好朋友了啊！」

這是為什麼許多成年以後才搬到歐洲居住的外國人，覺得歐洲人的交友「小圈圈」很難打入，因為歐洲人認為來自身邊三個好朋友的關注，就已經綽綽有餘了，很可能在你們相遇之前，三個好朋友的缺都已經「額滿」了，如果要加入，不能只跟其中一個人成為好朋友，還要能夠跟其他兩個好朋友也成為一輩子好朋友才行。所以成年以後，歐洲人整個擇友過程很像層層的工作面試，不，應該說更像重重過關的選秀節目才對。

回頭想，如果沒有打算帶貨、賣東西的話，來自六億五千萬個陌生人的關注，跟三個生命重要的人的關注，你會選擇哪一個呢？

北歐人的交友觀，可能帶給亞洲人很大衝擊

我記得有一回問正在芬蘭念書的臺灣媳婦李玉惠：「定居在芬蘭，你看到芬蘭人的人際關係與家庭關係，跟臺灣人有沒有什麼差異呢？」

「芬蘭人是慢熟的，人際關係亦是如此。」她想了想說。「芬蘭家庭關係，目前我所接觸過的芬蘭家庭都是很有愛、很密切，但是家人之間卻沒有強烈的依賴感。芬蘭人從小就被教育要獨立自主，大概十八歲之後，很多芬蘭年輕人都會搬出去住，讀書工作養活自己。芬蘭家人之間什麼都談，不避諱說出自己的難處。這和臺灣家庭關係很不一樣，臺灣家人之間都太過在意對方的看法。父母太過於保護孩子，孩子太依賴父母。」

實際上，父母跟成年已經有工作的子女一起出去吃飯，也會各付各的。朋友之間一起去酒吧喝酒，也一定是各自點酒、各自買單。「因為每個人喜歡的酒品牌不同，價格不同，喝的速度也不同，幫別人出酒錢，是完全不公平的事啊！」我的芬蘭朋友說。

「就算你跟你的父親去酒吧喝酒，也是各付各的嗎？」我問。

「那還用說！」

確實如此，臺灣對芬蘭的興趣，與其是說在教育改革方面，還不如說是對於人際關係之間的省思，這一點只要從坊間跟芬蘭相關的中文出版品，就可以看得出來。

就像李玉惠說的：「很多臺灣人到芬蘭後，還是會把在臺灣待人處事的習慣帶來這裡，有時看似和睦，但有時卻較勁意味十足，不過還是有真誠相待、人情味的臺灣人。這世上，就是一樣米養百樣人，我常勸一些在芬蘭的臺灣人，不要太過在意。

「臺灣人跟芬蘭人在芬蘭的人際關係，或許是受到這裡的教育文化背景的影響，或是生活上的衝擊，久而久之，有些在芬蘭的臺灣人在思想上和芬蘭人越來越相近，習慣相近後，當然摩擦也就變少。大多芬蘭人對臺灣人是友善友好的，也會平等的對待臺灣人。在這裡要學會真誠待人，芬蘭人不做表面關係的。」

「你的觀察，一般芬蘭人身邊有幾個好朋友？」我又接著問。

「這要看每個芬蘭人的個性，我身邊較活潑積極的芬蘭人，朋友很多，活動很多。也遇過身邊只有一到兩位好友的芬蘭人，用五隻手指頭來算都夠用。不過，芬蘭人所謂的知心好友，那還真的不多，平均二到三位而已。」

表面上好像亞洲人朋友五湖四海，歐洲人則孤僻、朋友很少。但是仔細想想，我們的朋友夠不夠深？夠不夠全面？每個朋友都有特定的時空條件，有些可以聊戀愛，但是不適合談工作；有些可以逛街購物，但是經濟有困難時不能借錢；有些人家可以借住，但是個性很難相處。對於我們來說，這些都可以是朋友。

我們有很多朋友。但是在許多歐洲人的眼中，這些只有一部分可以交往的人，根本就不是好朋友。

我可以想像芬蘭人在傾聽了你聊天之後，一針見血地說：「你根本就沒有朋友。」然後你一氣之下就跟他絕交了。但是他可能比你任何朋友，都還要了解你，而且他說了實話。

十個關於愛的常見錯誤

如果你不知道自己的預設是「朋友越多越好」，那麼無論朋友多或是朋友少，應該都承受很多關於人際關係的痛苦，朋友多有多的痛苦，少也有少的痛苦，就跟邦交國一樣。

但是重要的都不是朋友的數量，重要的是什麼？

重要的是知道我們在愛上犯了哪些重大的錯誤。我試著在這裡列出十個常見的錯誤，希望不只幫助我們思考愛的本質，也可以拓展到普遍的人際關係：

1. **認為人際間的愛，無論是親情，友情和愛情，應該是永恆的，這是一種邏輯上的誤解。**愛的關係，本來就會不斷地變動，因此「無常」（impermanence）才是合理的。我們必須知道，愛既然會出現，也會消失。就像乾季和雨季的河流，水位在乾旱的時候會變低，水位高的時候又會氾濫，其實這些變動都是很正常的，也沒有所謂的好壞對錯。

2. **把愛當作是一種物質來「擁有」**。愛並不是物質，而是一種感受，感受是真的，但不是物質性的存在。「擁有」親情，友情和愛情，甚至用金錢、用行動來量化，是人際關係中的幻覺。意識到愛我們不曾擁有、不可能擁有，才不會以為「失去」是真的。

3. **不了解愛的本質，都只是「遇見」**（encountering）。人與人的相遇既然是遇見，遇見之前是沒有關係的，相遇時產生關係，當然值得珍惜，這是為什麼日本傳統如此強調「一期一會」，正是因為理解相遇之後，當然也可以回到沒有關係的狀態，所以每一次相遇都應該視為第一次，也是最後一次，才是合理的。

4. **試圖「控制」愛。**愛只能「互動」，不能「發展」。任何刻意的發展關係，都是對對方的干擾，甚至是操弄。這是為什麼心理學家榮格說：「除非我們能接受任何事，否則根本不能改變任何事。」（We cannot change anything unless we accept it.）而這當然也包括了愛。

5. **以為我們既然努力付出過的，就會有意義。**如果愛是辛苦經營來的，我們就會特別珍惜，覺得它們很有意義。實際上一萬元就是一萬元，無論是天上掉下來的、與生俱來的，或是努力贏取的，都是一萬元。愛的關係也是一樣，不要因為特別重視那些辛苦贏來的愛，而忘了我們愛的帳戶裡本來就有的。

6. **我們時常為了讓自己好過而故意忽略真相。**但是真正的和諧必須來自真相。就像反對種族隔離的南非前大主教杜圖（Desmond Tutu）說的：「和解來自於對真相的認識，在沒有去了解真相之前，一切看似走向和諧的結果，不過是一場夢而已。」認清關係的真相是真誠的還是虛偽的，而不是被自己的一廂情願而蒙蔽。

7. **相信「以和為貴」**。我們往往為了害怕衝突、避免衝突而做出不合理的決定，但是衝突不見得是錯的，實際上會因為吵架、金錢、他人挑撥而瓦解的關係，表示這段關係並不紮實。相對於忍耐帶來的和諧，我們更應該做的事情是去了解實情，而非活在自己的想像之中，即使代價是衝突也是值得的。還記得英國皇室的凱特王妃與梅根王妃的例子嗎？

8. **以為「多」就是「好」**。有一個有趣的寓言，說的是一位知名的修行人經過某戶主人剛去世的家庭時，順便為逝者祈福，所以那戶人家送了幾隻羊做答謝，但修行者婉拒了，並說道：「多一隻羊，就會有多一隻羊的困擾。」對他來說，這些羊既是贈禮，也是負擔，因為他不僅要想辦法餵飽牠們，還要讓牠們乖乖地朝目的地前進。因此要知道自己的需要，而不是去追求不需要的東西，例如更多的愛。

9. **以為物質可以帶來關係的改善**。印度哲學中有一個觀點，物質帶來的刺激就像是海水一樣會越喝越多，不但無法帶來滿足，反而還會讓人上癮、失去了判斷哪些事物比較重要、哪些比較不重要的能力。試著用金錢或物質來改善愛的關係，就是常見的錯誤。

10. **我們透過愛的關係，是為了「知道」更多、而不是要「得到」更多。**

歡迎關係的終止，一如我們歡迎關係的到來，不只是像我的英國鄰居基斯和茱蒂這對老夫婦，平靜的迎接死亡終結他們愛的實質關係，對彼此更深刻的理解，也可能帶來關係的終結。在英語中有一個常見的說法：we grew apart（我們因為成長而疏遠），如果成長的代價是終究會走向失去，我們必須能夠接受成長將我們帶離彼此的事實，而不是陷在失落感的深淵。

回到親子工作坊，這對沒有什麼愛，也感受不到愛的親子，經過討論這十個關於愛的常見錯誤後，我們都看清楚，他們其實並不是對愛匱乏，只是對於愛的誤解比較少罷了。

11 恐怖的「愛心樹」
——語言如何形塑了我們對愛的認知？

是誰讓我們開始認為「給予」就等於「愛心」？

你小時候有沒有看過一本叫做《愛心樹》的繪本？在中文世界非常有名的兒童繪本《愛心樹》，幾乎無人不知、無人不曉，我身邊有不少朋友宣稱自己是這本書的忠實粉絲。這本書是由美國作家謝爾・希爾弗斯坦（Shel Silverstein）在一九六四年出版的，英文版原名是 *The Giving Tree*。但是我從小讀這本書，總會莫名地不寒而慄。

謝爾首先用了整整十個跨頁來渲染孩子與大樹遊戲的快樂，孩子微笑的表情、大樹搖曳的枝條以及讓孩子隱身樹後、或樹上的巧妙設計，都顯現出輕快而溫情的敘述節奏。但是到了後面的部分，卻只安排了兩至三個版面，按照「孩子需要」→「大樹付出」→「大樹很快樂」的結構穩步推進。

孩子與大樹的跨頁對話文字、大樹觸目驚心的變化畫面和「大樹很快樂」一再叩擊結合在一起，讓故事的敘述節奏變得緩慢而沉重。然後嘎然而止。

不恐怖嗎？

「是的，愛本來就是沉重的！」或許你會這麼說。

「你有沒有想過為什麼中英文書名會不一樣呢？」

在一個教師工作坊的試教課上，一位學員 Iris 突然提出這個討論問題，像是一記警鐘，讓我們忽然意識到，這個看似單純的問題背後躲藏著魔鬼。

給予就等於愛心？

「是誰讓我開始認為『給予』就等於『愛心』的？」我開始思考這個有趣的問題。

語言學中有一個備受爭議的「沙皮爾－沃爾夫假設」（Sapir-Whorf

hypothesis），是由美國語言學家沙皮爾（Edward Sapir）與沙皮爾的學生沃爾夫（Benjamin Lee Whorf）共同提出的，他們對美洲印地安語言作廣泛的調查後，做出了「語言和思想之間存在因果關係」的假設。

照他們的說法：語言對思想決定性的影響是全面性的，世界上並不存在著「無語言的思想」。這個假設裡面包括了語言的「相對論」（用不同的方式認定現實世界，他們思想的方式決定他們說話的語言），以及語言的「決定論」（對語言之間可能預料變異的數量和類型，包括其語義結構，是沒有限制的）。把以上兩種主張放在一起，就會得出結論：如果有人能發現一種方法，去制約人們所學習的語言，就能控制人們的思想。

就像沙皮爾說的：「在語言人類學的命題方面，每一種文化內涵都可以在語言中表現出來，傳遞字義需要新的文化經驗。語言的形成獲得肯定，交談也就顯得有意義。不但基於本質決定經驗，而其大部分經驗在經驗的材料中，可解釋為隱藏的意義。」

沙皮爾的學生沃爾夫，比老師更敢講，他提出「語言的相對原則」

（linguistical relative principle），認為語言與文化的關係不會形成衝突，於是「文化形成思想」，及「思想本身發生在語言裡」的理論得以建立。如英語、德語、梵語、中國話等，每一種語言都有其巨大的結構系統，在這系統中，文化預先決定了語言的形式與範疇。基本上，每一句話，不但是告知的，也在傳遞文化的本質，值得注意的是它的現象與關聯，以及產生的意識。

在這裡，你可能也已經開始看到了一件可怕的事：在使用中文的文化圈裡，幾乎沒有人會質疑過，樹「不斷地給予」，為何就是「愛心」？這兩者在邏輯上其實並沒有關聯——除非這是一個專門販賣愛心的邪教。

可能有人會認為，這只是當年譯者的問題，但是從沃爾夫的理論上來說，我們就會發現，譯者也是文化與語言的接收者，會在翻譯的時候，用中文去找到跟中國孝道文化不衝突的語言，所以「愛心樹」這個標題的出現跟文化，就毫不違和地連結了！而這本書對於根本沒有「孝道」這個文化概念的西方讀者來說，立刻連結的是基督教文化中「無私奉獻」的概念，並不會有親子關係的聯想。

日常語言，也是一門哲學！

了解如何使用語言來改變或終結一個人、或是一群人的思想，本身就是一個強大的武器。學習如何謹慎使用語言，就是學習如何謹慎使用武器，而研究語言跟思考之間的關係，這門學問就叫做「日常語言哲學」。

於是我開始去調查，關於「愛心樹」這本書名在不同語言中的翻譯。韓文版跟西班牙語版，都是英文的直譯。法文版的翻譯是「L'Arbre généreux」，意思是「慷慨的樹」。日文版則被翻譯成「おおきな木」。俄文版的翻譯是「Щедрое дерево」。阿拉伯語的版本也一樣，都是「大樹」的意思，跟給予沒有關係。義大利語的書名「L'albero」更加簡單，就是「那棵樹」。

在這調查的過程中，我慢慢看清了一個事實：這本書在全世界超過五十多國語言版本中，唯一把這個故事當成一個愛心故事的，只有中文！而且大多數的中文讀者，似乎從來沒有質疑這本書的原文標題「不斷給予的樹」，跟「愛心」這個概念到底有什麼關係——除非你理所當然以為，愛就是要不斷給予，至死方休。

就像在喬治．歐威爾的「一九八四」中「自由」的概念被摧毀一樣，中文經常使用「愛心」這個標籤，也摧毀了「給予」的概念，迫使人們進入認可「愛心＝給予」的模式。

在樹與男孩的關係中，樹始終扮演著「給予」的角色，而且看起來，樹因為給予而感到快樂；然而當老去的男孩把樹幹砍掉，坐船離開之後，作者卻說：「樹很快樂。但是，這不是真的」。這「不是真的」快樂顯然饒富意味。

原本用日文翻譯這本書的譯者，以日文一貫的曖昧，把這句話翻譯成「是真的嗎？」但是直接把這句重新翻成「不是真的」的新版譯者，不是別人，正是我們都很熟悉的村上春樹。

在這裡，村上春樹應該是發現他被他的母語背叛了。

你呢？你有沒有想過，你什麼時候開始認為愛是沉重的？文化形成思想，而思想發生在語言裡，你是不是也被你的母語背叛了？

12 你是「愛」還是「捨不得」？

——愛是一種詭辯

愛的本質是「貪婪」，而「捨不得」除了貪婪，還加入「恐懼」。

熱門恐怖遊戲改編電影《返校》在上映後獲得各界好評，裡面有一句很紅的電影臺詞：「你是忘記了，還是害怕想起來？」似乎反映了許多人心中的恐懼。但另外有一種恐懼，比「忘記」與「害怕想起來」更難分辨，那就是更多的人搞不清楚自己以為的「愛」，其實只是「捨不得」。

比如有些伴侶，在感情遇到瓶頸的時候，例如其中一方出軌，會決定「生一個孩子」來維持沒有愛情的婚姻，因為一旦孩子生下來，似乎在育兒的過程中，至少就有十八年可以讓婚姻保持在「自動駕駛」狀態，不需要去面對真正的問題。

這樣的孩子並不是「愛」的結晶，只是被已經沒有感情的兩個人，因為「捨不得」拋棄婚姻利用的藉口。對這被父母利用來維持婚姻的孩子來說，其實是很不公平的。

吃飯的時候也是這樣。明明吃飽了，卻因為捨不得浪費，硬著頭皮繼續吃，這時候對於眼前的菜餚已經不是愛。一道美好的佳餚，我們都記得第一口時的「愛」，但吃撐了以後，讓我們繼續把這盤菜吃完的動力，早就已經不是愛了，是「捨不得」。

當你不在乎了，又有什麼好捨不得的呢？

有一個小學生，他和我哲學諮商的主題，是他心愛的絨毛小兔兔。他很害怕這個從他出生就陪伴著他的小兔兔有一天會壞掉、或是不見。

「你認為你的媽媽，小時候有沒有跟你一樣，有一隻心愛的小兔兔，走到哪裡就帶到哪裡呢？」我問小學生。

「應該有吧？」小學生想了一想。

「但是她的小兔兔現在在哪裡？」

小學生聳聳肩。

「所以小兔兔對你的媽媽來說，還很重要嗎？」

他搖搖頭說：「不重要。」

「所以我告訴你一個秘密喔！只有在你已經不在乎的時候，你的小兔兔才會壞掉、不見。你知道為什麼嗎？」

小學生好像發現了新大陸般開心：「我知道！因為只要我在乎，我就不會讓小兔兔壞掉，或是不見。」

「沒錯！但是你不在乎的時候，小兔兔壞掉或不見，有什麼關係嗎？」

「那就沒關係了！」憂慮的小學生露出放心的笑容。

小學生了解了他對小兔兔的愛，會讓小兔兔不可以壞掉、不可以不見。因為只要有一點點壞掉就會趕快修補，一不見就會千方百計找回來。

一旦沒有愛的時候，其實小兔兔當然可以壞掉，也會壞掉，可以不見，也會不見，那就是自然的一部分，不需要捨不得，從小到大我們身邊那些壞掉的、不見的東西，簡直不計其數，但是我們並不在乎。

放手去愛，也甘於為愛受苦

在我的哲學工作坊裡，有個友善農業的年輕橘農，戲稱自己叫做「橘Sir」，他最近問我一個關於「改變」的問題。

他說：「其實我橘子樹轉作很成功，無農藥栽培完全可以，雖然我成功了，但最大的問題並不是種出來，是要賣出去，我發現其實大家可能不是這麼在意友善耕作，也有可能橘子是一種太常見的水果。如果真的要繼續當果農，多樣栽培其實也是正確的路，所以我在考慮要不要轉作其他水果，但這些橘子樹都很健康，我滿捨不得砍，想到要砍，感情上過不去……」

我只問了橘 Sir 一個問題：「你之所以不想砍橘子樹，是因為愛，還是捨不得？」

橘 Sir 說本來他想要回答「捨不得」，但進而一想，並沒有什麼捨不得，所以決定了他真正的答案是「愛」。

愛跟捨不得有什麼不同？

其實主要的差別是，愛的本質是「貪婪」，捨不得除了貪婪，還加入「恐懼」。

我之所以說愛是貪婪，因為愛無論我愛的是手上的小兔兔，螢幕上的偶像，還是現實中的親人、愛戀的對象，都不需要經過對方的同意，我想要愛誰就可以愛誰，我想要怎麼愛、就可以怎麼愛，甚至對方不需要知道我的存在。

愛是貪婪，愛是自我中心，愛是一種熱情，不斷的給，毫無保留的給，愛是一種受苦。愛應該要快樂，愛是幸福，從來就不是真的。

英文的「熱情」（passion）在拉丁文裡，本來就是「受苦」的意思，既然愛就必須為了自己的貪婪受苦，只是在中文裡面，我們看不出這項本質。

至於在中文裡面，跟熱情似乎毫無干係的「悲憫」（compassion），從英文看卻可以發現兩個字非常接近，在拉丁文裡面，就是「一起受苦」。

在單方面的愛裡，我們必然自己承受痛苦。愛得越深、越熾烈，受的苦越多。至於雙向的愛，並不會因此就不苦，而是讓另外一個人，跟我們一起承受這個痛苦，但那已經不是愛，而是一種悲憫。只有當我們捨得放下的時候，這個痛苦才會消失。

真愛是不在乎受苦的。但如果只是為了捨不得而受苦，那就傻了。因為「捨不得」在英文裡是begrudge（惜），雖然在中文裡看起來有情有義，但這個字在西方語言裡，追根究底就只是嫉妒、悔恨，希望對方受苦的意思，翻來覆去，我怎麼看都看不出有什麼好。

不信的話，想一想那些人，捨不得放手一段已經變調的感情、一段走味的婚姻，背後的原因，要不是嫉妒，就是悔恨，更常聽到的是要讓對方受苦，得不到幸福。

為熱情、為愛受苦，有何不可？但請不要為了捨不得而彼此折磨。

你是「愛」還是「捨不得」？請放手去愛，去受苦，但時候到了，也要捨得放手。

13 愛的真諦、愛的鼓勵與愛的小手

——愛是一種權威

「愛」是主動行動，因真心對待另一個生命體而得到快樂。

最近的哲學工作坊上，剛好談到「壓抑」這個情緒。於是大家在聊天室裡紛紛留言，寫下自己心目中認為的「壓抑」是什麼。

有人說是「愛面子不願意承認自己做錯」，「會把守規矩這件事放大宣揚」；也有人說是「隱藏自己真實情緒」、「不做丟臉的事」。有人說「怕犯錯」，也有人說是「在意別人眼光」。還有人說「炫耀」、「偽裝」，有人說是「處處配合委屈求全」；有人說是「很ㄍㄧㄥ」、「不懂善待自己」……

就在你一言我一語的時候，突然有一個人跳出來說：「怎麼聽起來很像〈愛的真諦〉的歌詞？」

於是我們就很有哲學探究精神地開始討論：〈愛的真諦〉歌詞真的是在講愛嗎？會不會其實在講「壓抑」而不是「愛」，所以才會聽起來這麼耳熟？

為了證實，我們把〈愛的真諦〉歌詞中，所有的「愛」字都替換成了「壓抑」，看看是不是仍然合理：

壓抑是不自誇不張狂，不做害羞的事，
不求自己的益處，不輕易發怒，
不計算人家的惡，不喜歡不義只喜歡真理；
凡事包容，凡事相信，凡事盼望，
凡事忍耐凡事忍耐，壓抑是永不止息。

怎麼看，都覺得很有道理！

是神的愛，還是凡人的愛？

難道，「愛」真的就等於「壓抑」嗎？這也太奇怪了吧？

於是我們上維基百科搜尋這兩個字詞的定義，解釋分別是這樣的：

「愛」最佳的定義可能是「主動行動，以真心對待某個生命體或物體（可以是人、動物、物品、神明），使其整體得到快樂」。

「壓抑」的定義是「對自己的想法、情緒或感覺等內在經驗，試圖採取各種方法加以忽略、限制、抑制或是禁止」。

我們驚訝的發現，「愛」是主動行動，而「壓抑」是禁止自己的感受，不但兩個字詞意思不同，甚至方向上是完全相反的，為什麼大人卻從小就要我們唱這首歌，並且告訴我們這就是愛呢？他們真的知道自己在說什麼嗎？

因為〈愛的真諦〉這首歌出自《聖經》哥林多前書第十三章，於是我立刻請教了一位基督教會的長老，他聽了我的問題以後，說：「《新約聖經》這一段說的是『神對世人』的愛，可能是大多數人，包括基督徒，也誤以為『人對人』的愛都應該是這樣吧？」

聽到結論後，同學之中有人形容自己突然有「肩膀變得很鬆」的感覺。「太好了！原來愛本來就不應該是壓抑自己，凡人做不到把壓抑當作愛才是正常的，不是我自己有問題啊！」

愛不是壓抑，但也不是威嚇

我想到有一回，安排法國哲學家奧斯卡・柏尼菲博士，到臺灣的中小學去做兒童哲學的演講時，學校的老師或校長，非常努力地暖場，為了挑起臺下孩子們的注意力，用歡呼、鼓掌的方式來迎接他，其中一個臺灣常見的鼓掌方式，就是所謂「愛的鼓勵」。

第一次聽到時，奧斯卡老師立刻皺著眉頭，問在一旁為他翻譯的我：

「他們在幹麼？」

「在臺灣，這種鼓掌叫『愛的鼓勵』。」

「『鼓掌』跟『愛』有什麼關係？為什麼要叫這個名字？」對於細節非常重視的奧斯卡老師，把我問得啞口無言。

愛的鼓勵就是愛的鼓勵，「一二、一二三、一二三四、一二」！每個人都知道，不是嗎？而且還有「愛的親親」、「愛的火花」、「愛的沖天炮」種種變形呢！我只是不好意思告訴奧斯卡老師罷了。

但實情是：我不知道為什麼這樣鼓掌，叫做「愛的鼓勵」，從小就不喜歡，長大了也不在乎。

那天回家後上網查詢，我才知道，這種在臺灣常見的鼓掌方式，之所以被叫做「愛的鼓勵」，起源於當時服務於救國團嚕啦啦的陳金貴教授，真正的來源是 The Ventures 這個美國電吉他樂團，一九六三年發表的《Let's go》這首歌開頭的拍手節奏。

在臺灣學校內外各種團康活動不可或缺的「愛的鼓勵」儀式一旦離開臺

灣，其實沒有人知道，這個美國樂團的節奏被叫做「愛的鼓勵」。

在世界其他地方，也有這樣拍手的，但是作用完全不同，比較接近「戰鼓」，用來威嚇敵人。比如英國的足球賽，主場球迷會用這震耳欲聾的十一拍鼓掌，來威脅客場「敵人」，這個傳統到現在還延續在前英國殖民地，像是香港或是新加坡的球賽運動場上使用，但一定不會出現在學校。

在日本，則是人見人怕的暴走族催油門、按喇叭的節奏，是宣示、挑釁的意思，「愛」與「鼓勵」，只有在臺灣被賦予這樣的意義，這解釋了為什麼從小到大，我每次聽到「愛的鼓勵」，既沒有感受到愛，也沒有得到鼓勵，只覺得集體霸凌的不快，原來這樣的拍手，本來就跟「愛」與「鼓勵」沒有關係。

了解「愛的鼓勵」的本質之後，我突然有一種獲得解放的感覺，原來心目中愛跟鼓勵不是這樣，才是正常的。

奇妙的是，要不是一個難相處的法國哲學家，我可能這輩子從來不會反思，從小到大聽到麻木的「愛的鼓勵」，竟然是這麼怪的東西。

所以「愛的鼓勵」本質也從來就不是愛，而是挑釁，所以下次邀請我到你的身邊，請用安靜來尊重我，請別動不動拍手，歡呼，尤其不要拿球賽主場專用的「愛的鼓勵」來挑釁我——除非威脅客場敵人，才是你的本意。

當然，愛也不是處罰

回想在還有體罰的年代，只要在臺灣上過學念過書的，應該都聽過有一個名詞，叫做「愛的小手」。

「愛的小手」，是一種長條形、頂端是手掌形狀的物品（用俗話來說，就是藤條）。它原先最常見於體罰用途，老師或家長拿來處罰調皮、不服從或考試不合格的孩子或是學生。「標準八十分，少一分打一下」這類的規定，相信對於很多臺灣的成年人來說，是學生時代餘悸猶存的記憶。

後來教育當局規定「零體罰」，愛的小手卻陰魂不散，出現在一些臺灣的綜藝節目裡，用來做娛樂效果。比如中天電視臺《小氣大財神》內的「激爆骰子樂」，就常出現以愛的小手打來賓的腳底板、打手掌心、打屁股的場景。同樣也是中天電視臺的《全民大悶鍋》有個單元「哈佛沒教的字」，呂校長也會拿愛的小手來揮打不聽話的男同學（這個電視臺是怎樣？）

還好這兩個節目我從來沒看過，不然以我這種易怒的邊緣人性格，應該早就投書抗議了吧？不過抗議也輪不到我，這種「娛樂效果」，似乎確實已經造成一些人權團體的負面回應，批評這些電視節目，根本是公然在彰顯體罰的意義。

根據「維基百科」（真心感覺很好用），愛的小手有兩種款式，一種由橡膠材質所製成，這種小手拍打的聲響不大，拍打後造成的鞭痕均勻分布在整個手掌，但是拍打的力道較沉重，較易在被處罰處留下痕跡。另一種是用人造塑膠皮、中間夾塑膠布材質所製成，此種小手拍打的聲響很大，拍打後造成的鞭痕集中在手掌與柄相連的位置，拍打的力道較小且分散，較不易造成被處罰者受傷。

但不管哪一種，都是由施罰者手握「愛的小手」尾端握柄，並將手掌形狀的橡膠手心朝著被處罰者的體罰部位拍打（通常是屁股），例如被處罰者的雙手心等，施罰者的力量越大，被處罰者感到疼痛的程度也就越大。

有些施罰者僅給被處罰者一些警戒，只要實施「雷聲大、雨點小」的處罰，僅需靠一些技巧，雖然愛心小手拍下去的力量小，但是聲響很大，同樣也可以有警戒被處罰者的效果。

無論痛不痛，有沒有留下紅色的烙印，如果「愛的小手」打在自己身上，難道真會讓人感覺到「愛」嗎？以愛之名，行處罰之實，這簡直就是對「愛」進行污名化啊！

愛，也不會是控制

曾幾何時，似乎有越來越多的人把「愛的親親」、「愛的抱抱」掛在嘴上，動不動就跟孩子，愛人，朋友親一個、抱一個。

我不反對身體的接觸是溝通情感的重要方式。英國比較心理學家哈洛（Harry F. Harlow 1905—1981），早期研究靈長類動物的問題解決和辨別反應學習，在一九五〇年代，當時心理學家們喜歡使用「順從、一致、認知」這樣的詞彙，但哈洛卻更喜歡談論「愛」，別的心理學家總是在他說「愛」的時候打斷他，詢問哈洛的意思是「親近」嗎？因為從一九二〇年代開始，「需求減降論」（drive reduction）是主流思想，動物（包括人類）對母親的「依戀」，一直被解釋成幼獸對於獲得營養物質的一種回報：「我們愛我們的母親是因為我們愛她們的奶水」，所以哈洛說「愛」的時候，心理學家聽到的是「需求減降論」，當時一些著名的育兒專家如約翰・沃森（John Watson）就強調父母：「不要溺愛寶寶，不要在睡覺前親吻他們，正確的做法是，彎下腰握握他們的手，然後關燈離開。」

忍無可忍的哈洛為了反擊，開始做一個關於「愛」的實驗，將剛出生的小猴子和猴媽媽及同類隔離開，結果他發現小猴子對蓋在籠子地板上的絨布產生了極大的依戀。牠們躺在上面，用自己的小爪子緊緊地抓著絨布，當人們把奶瓶從小猴子的嘴邊拿走的時候，猴寶寶只是嘟嘟嘴唇，或者用爪子擦下巴上滴落的奶水。但是如果把絨布拿走的話，猴寶寶就開始尖叫，在籠子裡滾來滾去，非常激動。哈洛成功的證明了「接觸所帶來的慰藉」是「愛」最重要的元素，他還因為這樣獲得了「猴子先生」（Monkey Man）的稱號。

美國行為學家也曾在一個大型商場裡面進行過一項有趣的實驗，讓詢問者叫住了單獨購物的男女，請他們回答簡單的問卷。詢問者詢問的方式有兩種，一種是詢問的時候接觸對方的手臂；另一種是沒有接觸對方的身體。問卷即將結束時，詢問者會故意不小心將問卷紙散落一地，看看對方是否會和他一起撿起來。結果觸摸過對方的手臂的回答者，選擇幫忙的比例，比沒有接觸的人明顯更多。

但是當我在法國向哲學家奧斯卡．柏尼菲博士學習哲學諮商時，發現他卻強烈禁止諮商師和客戶的身體有直接的碰觸，不握手，不擁抱，甚至不問好，不先說一些符合社交禮儀的客套話，拉近客戶跟諮商師之間的距離。

在親子諮商的時候，也會刻意強調前來諮商的親子檔身體必須完全分離，不允許在諮商的過程中有任何接觸，即使很年幼的孩子，諮商時也不允許坐在父母的腿上，目的就是為父母親跟孩子之間，破除這種根深蒂固的依戀關係，讓彼此透過戲劇化的方式，意識到對方跟自己，都是完整、獨立的個體。

「我不是說過不要接觸，用語言告訴你的孩子，去坐在另外一個椅子上嗎？你是怎麼回事，偏偏要去拍孩子的肩膀？」他會如此對著前來諮商的母親咆哮。

「我不推他一把的話，他不願意過去啊！」嚇呆了的母親會試圖解釋。

「這是為什麼你拿你的孩子一點辦法都沒有！因為你說的話，完全沒有分量！」奧斯卡會嚴厲地命令，「用－說－的！不－要－碰－他！」

雖然聽起來很極端，但是我知道他的意圖，是希望天下所有無法控制自己孩子的父母知道，「身體接觸」在哲學上的意涵。

當我們去跟別人的身體進行接觸的時候，我們在做的，叫做「建立連結」，這是為什麼在商場的問卷調查，可以輕易地透過接觸手臂，跟陌生人建立起連結。但這樣的連結，一旦發生在關係深刻的兩個人身上，比如愛人，或是親子時，就從「建立連結」躍升到「控制」的層級。

這是為什麼，我們在灑狗血的連續劇裡面，總是看到女主角想要轉身離開的時候，男主角會伸手去抓住女主角的肩膀或是手臂，就是透過身體接觸，表達自己想要控制對方的明顯意圖。不是只有衝突的時候，即使歡樂的時候，當眾捧臉親吻，親親抱抱舉高高，摸頭壁咚公主抱，無非都是強勢的一方，在表達自己已經取得了「控制權」。

當孩子一直抓緊著父母的身體、頭髮或衣服時，正是宣示自己是取得控制權的那一方——而這通常都是事實，不信的話，看那些被孩子扯得精疲力盡的父母就知道了。

當感受到對方想要控制我們，但這跟我們的願望違背的時候，我們的第一個反應，就是抗拒和保持距離，甚至強力抵抗。無論在伴侶、上司下屬、或是親子之間都一樣，這時，溝通之門也就重重的關上了。

愛到底是什麼？

檢視「愛的真諦」，讓我們意識到愛不應該是壓抑。

檢視「愛的鼓勵」，讓我們意識到愛不應該是威脅。
檢視「愛的小手」，讓我們意識到愛不應該是處罰。
檢查「愛的抱抱」，讓我們意識到愛不應該是控制。

我們以為這些都是愛，所以我們才用這些方式彼此對待。但是身體是很誠實的，口中說愛的同時，如果我們感受到的，卻是壓抑、威脅、處罰、或是控制，卻不想接受的時候，很多人就會開始懷疑自己是不是沒有「愛的能力」。

實際上，如果能夠辨識哪些是愛，哪些不是愛，每一個人當然都有愛的能力。我們複習一下「維基百科」說的：「愛」，是主動行動，以真心對待另一個生命體，使其整體得到快樂。

如果我們真的要知道愛是什麼，就請先把不是愛的東西拿掉，不是壓抑，不是威脅，不是處罰，不是控制，看看我們之間還留下來什麼，如果還有，那很可能就是真正的「愛」了！

14 喜歡腳踏兩條船的女人
——愛用來展現優越感

她並不想改變「腳踏兩條船」的習慣，只是不想要有「腳踏兩條船」的壞處而已。

阿北：

我是個40歲的女生，總是犯下一些感情上的錯誤、重蹈覆轍，請問該怎麼辦？

現在又面臨一個幾年前犯下的錯誤而不知道該怎麼辦，感情不能貪心，但是每當決定好要好好跟一個人交往，卻因太把對方理想化而受傷，而對身旁的男友失望，又遇到了一個溫柔體貼的對象而心動，於是變成「腳踏兩條船」的狀況。

Amanda 傳送自 parisbadwoman@hotmail.com

魔鬼都藏在細節中

收到這個問題，我忍不住想要對 Amanda 提出的第一個問題，不是關於她的提問，而是關於她的 email 信箱。

你曾在路上看過在臉上刺青的人嗎？

你怎麼看待在臉上一覽無遺的地方刺青的人呢？會這麼做的人，肯定是有意的，絕對不是喝醉後的一場意外——雖然表面上有些人會如此宣稱。

我也有一個朋友，相信她兒子的變性手術，是被朋友灌醉後的意外，「醒來發現已經變性了」。我覺得未免太扯，但如果身為母親的她，必須這麼想，才能夠自處的話，我也沒有權利戳破她的謊言。

但是Amanda，你有沒有想過，私人的電子郵箱地址，就像臉上的刺青，是自己選擇的，是你希望世界看到你的樣子。

一個把自己的臉上刺上「巴黎壞女人」記號的人，想要吸引什麼樣的男人呢？我想知道你是怎麼想的。

Amanda回覆，說她很驚訝我注意到她的信箱地址，因為她本人從來沒有想過這個問題。

「這個信箱大概是二十四歲時設定的，在別人眼裡大概就是還算漂亮、活潑、生活豐富有自己想法的人，也期待給人有個性的感覺，所以就這樣設定了。」

Amanda進一步解釋，在現實生活中，她外在的樣子，倒是不像壞女孩，穿搭也是簡單舒服扯不上性感，不過個性上真的比較「不聽話」、「不受控制」，所以常吸引到的異性都是聰穎、老實、有責任感的、會給予信任及承諾的人。

「應該說，我也選擇了這樣的人，對於有責任感的男人而言，我對他們而言是有趣、有魅力，可能是這樣子吧。」

至於如果變成無關的第三者，Amanda 會怎麼看待過去長達十六年使用這樣的電子信箱的人？

「大概就是這個人很不認同『乖』這個標籤吧！」Amanda 說。「哈哈，很特別的是，當我這樣思考時，就覺得自己也不認同『正常』人生、結婚、生子那樣『乖』的生活。」

所以很顯然的，電子信箱地址這個看起來無關的枝微末節，其實跟她面臨的人生困境很有關係。

我的法國哲學諮商老師奧斯卡．柏尼菲也常常提醒我們，在做諮商的時候，「聽其言，不如觀其行。」因為言語可能會有意或是無意地說謊，但行動往往是誠實、無法掩飾的。一個越有經驗的諮商師，往往越好，這點跟算命仙、面相師需要具備的能力，其實是很相似的。

「自我暗示」的力量

哲學諮商就像心理學一樣，也強調「潛意識」跟「自我暗示」的力量。畢竟心理學是在非常晚近，才從哲學這個大家庭分化出來的。

二〇一八年春天的時候，英國BBC廣播電臺的維拉斯奎茲（S.J. Velasquez）發表了一篇〈姓名是否決定了人們選擇的職業？〉的文章，引述專門研究姓名與職業的學者佩爾漢姆和他的研究伙伴卡爾瓦洛（Mauricio Carvallo），他們研究十一個職業型姓氏，包括貝克（Baker，麵包師）、巴伯（Barber，理髮師）、布徹（Butcher，屠夫）、巴特勒（Butler，管家）、卡彭特（Carpenter，木匠）、法默（Farmer，農夫）、福爾曼（Foreman，領班）、梅森（Mason，石匠）、邁納（Miner，礦工）、佩因特（Painter，畫家）和波特（Porter，門房）等，從而了解擁有這些姓氏的人，的確在比例上更傾向於選擇與他們的姓名寓意相關的職業。

在美國，我也確實注意到很多牙醫（dentists）的名字是丹尼斯（Dennis）

或丹尼絲（Denise），這現象並非純屬巧合，也不是什麼「冥冥之中老天爺注定」，而是證明被《新科學人》雜誌一個連載專欄大力推崇的所謂「姓名決定論」其實是真的，這個理論主要說的是，人們會根據自己姓名的寓意，被特定的行業和職業所吸引的理論，所以華人有「改名、改運」的傳統，並不全然是迷信。佩爾漢姆就說：「這是一個經典的條件反射理論。它不是超自然或神話傳說，而是心理法則，它威脅到人們的自由意志。我不是說我們從來沒有自由意志，但有時候我們是沒有的。這是進化論最完美的含義。」

另一個術語叫做「隱性自我中心主義」，說的就是我們容易被跟自己有關聯的東西所吸引，比如會跟與你自己、或是你最喜歡的家人同一天生日的人結婚，有時也體現在你新移居的地名，正好與你的姓名諧音，這些都不是巧合，而是真實存在的。

我的法國哲學諮商老師奧斯卡．柏尼菲也常說：「世界上沒有『巧合』這件事。一切發生都有邏輯上的連結，只是你有沒有能力看懂而已。」

我之所以會特別注意 Amanda 的電子郵件地址，並不是基於姓名決定論研究，而是源自對命運的思考，我們所做的很多事情，以及我們做出的決定，都有一個強大的下意識因素在影響著我們，這個因素甚至是我們自己沒有察覺到的，一個從二十四歲開始到四十歲，一直持續使用這個稱呼自己為「巴黎壞女孩」私人電子信箱的人，在感情上選擇「浪漫」、「不忠」，並不是一個巧合。

如果我們的姓名能影響我們的職業選擇，那麼我們的自稱、綽號，甚至電子郵件信箱的地址，當然對我們的自由意志，也會產生影響。

我真的一定要「改變」嗎？

回到Amanda的困境，我請她仔細想想，一個不想像一般人那樣結婚、生子過著「正常」「乖」的生活的女人，「對身旁的男友失望，又遇到了一個溫柔體貼的對象而心動，於是變成腳踏兩條船的狀況」，是意料之外的事嗎？還是理所當然的事？

「我想了想，我對於愛情的本質不信任，又不想過平凡結婚、生子較正常的生活方式，所以不是意料外的事，的確是變成自然而然的事了。」她說。

在哲學諮商中，讓客戶察覺到自己的思考模式是什麼，「原來我是這樣想的！難怪會遇到這樣的問題。」問題往往就消失了一大半，不一定要「解決」。比如說Amanda現在就已經很感慨地發現，這一切都是自己造成的，但感慨不能解決問題。所以我對Amanda的下一個問題就是：「既然知道你所遭遇的感情問題是理所當然的。那麼你想接受，還是想要改變？」

哲學諮商中，有一個很重要的概念，叫做「典範轉移」（paradigm shift）。「典範」（paradigm）在這裡指的是某種特定的思考或行為模式。當意識到自己的問題出在哪裡時，一種選擇是接受現實，維持現狀；另一種選擇是改變現狀，解決問題，從一個固定的思考模式或行為模式，選擇進入另一個新的典範。

但是重要的是，這個可以解決問題的新思考模式或行為模式，必須是客戶自己界定出來的，因為只有當事人才知道如何具體勾勒他理想中的新框架，即使最有經驗的哲學諮商師也無法代勞。

Amanda 是這樣回答的：

我有用心思考過要改變，坦白說，我的生活根本活在謊言中，嚴重破壞與別人的信任關係，自己覺得很沒倫理，也確定不能如此下去。不過涉及情感問題的困境，我在想如何將傷害降到最低，也用紙筆寫下來反覆思考，結果真的有些難度。

原本寫下「對身旁的男友失望，又遇到了一個溫柔體貼的對象而心動，於是變成腳踏兩條船的狀況」，後來改成「面對腳踏兩條船的狀況，要將對自己及他人傷害降到最低處理。」不過，寫了之後就開始把重點放在思考「要如何將傷害降到最低？」了。

我現在確定知道了，Amanda 並沒有真的想要改變。

因為一個真的想要改變的人，會把一開始的句子改成回答「不要造成腳踏兩條船」，但是她的回答卻是「腳踏兩條船時，要如何將傷害降到最低？」

也就是說，她把自己造成的「腳踏兩條船」當作「前提」，明明是人禍，卻當成是無可避免的天災一樣看待，所以她並不想改變「腳踏兩條船」的習慣，只是不想要有「腳踏兩條船」的壞處而已。

如果「腳踏兩條船」不會帶來傷害的話，Amanda還會想要改變嗎？答案是很明顯的。

既然不想改變，那就心平氣和地接受腳踏兩條船的後果吧！有問題一定要解決，其實也只是一種迷思，如果知道問題出在哪裡，學會接受，當個壞男人、壞女人，只要自己能對後果負起全部的責任，其實也沒什麼問題，不是嗎？

15 女兒、媳婦角色的協調？

——把愛當作身分認同

很多人為人際關係所苦，忘記了人際關係不過是角色扮演。既然是扮演，就不是真的。如果太入戲，把自己變成那個角色，不論是好媳婦、好兒女、還是好家長，不知不覺就會忘記自己。一個失去自己的人，當然不可能會是一個快樂的人。

最近哲學諮商室有一個客戶，是移民國外三十多年的臺灣人。她的問題是隨著媽媽、婆婆年紀越來越大，她面臨身為女兒、媳婦，角色無法協調的問題。她想透過哲學諮商，知道如何把這兩種角色扮演得更好。

性急的人，可能立刻就會開始給各式各樣的建議：「你不可以那麼傻，把婆婆當媽媽！」「婆婆只是把她以前受的氣報復在你身上。」「你不是下女，不要以為家事通通要你做。」這樣的建議，壞的結果是造成已經痛苦不堪的人覺得更加痛苦，因為突然之間，她不只是媳婦，還莫名其妙在名片上被你多印了好幾個傻女、受氣包、下女的身分。至於最好的結果，也不過是她和你兩個人留在同溫層取暖，問題仍然沒有解決。

但哲學諮商在面對思考的第一件事，並不是「解決問題」，而是要先「理解問題」，然後「拆解問題」。

慢慢來，不要著急。

從理解問題，到拆解問題

就像嬰兒看到一個新玩具，第一件事並不是直接去玩它，而是先拿在手上把玩，把這個陌生的新玩具從每一個角度都看清楚，包括它的重量、溫度、觸感、顏色，還有它帶來的感受，等一切都弄清楚了，甚至放進嘴裡咬咬看，再決定喜歡或是不喜歡，或是要怎麼玩。

對於孩子們來說，世界總是充滿了新奇。

隨著長大，我們變成不耐煩的大人，就漸漸忘記了「把玩」這個非常重要的過程——沒有「把玩」，就不能真正「理解」。

如果你曾擁有一臺反覆怎麼修都修不好的汽車，你就知道「理解問題」往往比「解決問題」重要。修車技工沒有從「車主如何使用這臺車」開始去理解，就算找出車子的問題，也不可能徹底解決，因為同樣的問題，不久之後還會再度發生，車主一定不覺得是自己不會開車，只會覺得技工不會修車。

如果願意慢下來，問題拆解得好，不但能理解真正的問題所在，甚至可能讓問題自動變小，甚至不見。

我從小就是那種拿到火柴盒小汽車，會把零件通通拆開來，然後再一點一點組回去的小男孩——當然，組不回去，挨大人一頓罵的機率也很高。雖然我不一定會重組，但是我很會拆東西！我建議先放下之後組不回去的恐懼，不必管拆完以後怎麼辦，先開開心心地拆這臺火柴盒小汽車吧！

於是我首先拆解她對自己身分的理解，看到她形容自己的「身分」有「女兒」跟「媳婦」兩種。

然後，我看到她這兩種身分「不協調」。

而且，我看到她在「扮演」角色。

最後，她想要把這兩個角色扮演得「更好」。

一個人最重要的「身分」是什麼？

任何一個人生活在這個世界上，肯定都有各式各樣的身分，而且會隨著時間跟經驗，身分就像體重的數字，變得越來越多。

人一出生，就是一個男孩或女孩，是父母的子女，是兄姐的弟妹，是祖父母的孫子／女，是外祖父母的外孫子／女、舅舅的外甥／女、叔伯的姪子／女……，還會有屬於特定種族、國籍、城市社區，甚至宗教信仰的身分，還有胖瘦高矮膚色長相的各種特徵，像剛摘下來的一顆芒果，小小的身體上貼滿各種標籤、有機認證、政府標章。

但是一個人生在這個世界上，最重要的身分是什麼？難道不應該是「我」嗎？一個會把「女兒」跟「媳婦」當作最重要的身分的人，是不是忘記了什麼重要的事？

「我」在這個世界上，到底是自己的「主體」，還是別人的「附屬品」？我看見一個把「自己」弄不見了的人。

角色為什麼「不協調」？

「無法協調」就是有「衝突」。

左右腳無法協調，走路就會跌倒。

左右眼無法協調，看東西就無法聚焦。

同樣的，「媽媽」跟「婆婆」，一左一右，無法協調，就會造成「我」的困擾。但是媽媽跟婆婆這兩種存在，跟自己的左右手腳、左右眼耳，是一樣的存在嗎？

每個人左右手的力量雖然都多少不平均，但是應該要協調。

每個人左右耳的聽力雖然也都不一樣，但是應該要協調。

但是「媽媽」跟「婆婆」，應該要協調嗎？「監察院」跟「行政院」應該要協調嗎？「火」跟「水」，「肉食動物」跟「草食動物」應該要取得協調嗎？還是說，有些角色要不協調才是正常的？讓小紅帽跟大野狼各自做符合各自天性的事，才是尊重自然的規律，強迫小紅帽凌虐野狼不得好死，其實跟逼野狼當一輩子的小紅帽，一樣殘忍。

想要在媽媽、婆婆之間協調，我看到的，是一個缺乏「現實感」的人。

想把角色「扮演」好，錯了嗎？

她用了「扮演」這個詞。但是很抱歉，我必須說出我觀察到的事實：既然是「扮演」，就表示不是真的。

她知道自己是一個臺上的演員，演員想要把自己的角色扮演好，這叫做「敬業」。但是演員不是只有活在臺上。大多數的時間，演員都活在臺下，演員都沒在「扮演」。

當演員沒在「扮演角色」的時候，他在做什麼？應該是在「做自己」吧！

當演員在「做自己」的時候，他還是在「扮演」自己嗎？還是不是？人有辦法一輩子不下臺，像二十四小時全年無休的便利商店店員一樣，永遠粉墨登場去「扮演」便利商店店員的角色嗎？如果這樣，應該會身心俱疲，很快就被折磨死了吧！便利商店店員之所以能夠把角色扮演好，是因為有上班、下班的區別。但是身為女兒、媳婦，角色扮演「好」的定義，究竟表示你把自己變成一家二十四小時全年無休的便利商店，還是你只是一家二十四小時全年無休的便利商店裡，準時上下班的店員？

想要把自己從「店員」變成一家「便利商店」，就是想要否認「人」的本質，把自己變成「功能」。

想要二十四小時無休地在媽媽、婆婆之間，一輩子扮演好女兒跟媳婦的角色的人，我看到一個太入戲的演員，忘了自己只是在「扮演」角色，角色不可以取代真的「自己」。

想要「更好」，錯了嗎？

想要「更好」，肯定是一種貪心。因為更好，表示本來就很好了，而不是「不好」。一個說「我想要成績變得更好」的學生，成績應該本來就好。至於一個成績真的很不好的學生，他會說「算了，反正我成績本來就不好。」或是「我只想要及格。」就算哪一天太陽打從西邊出來了，他頂多也只會說「我想要成績變好。」絕對不會說「我想要成績變得更好。」

所以一個想在媽媽、婆婆之間把自己角色扮演得「更好」的人，是一個本來就好，但是對自己的表現還不滿意，想要更好的人，是因為「好」還不夠。

我看見一個「貪心」的人。

問題拆開，問題變小

問題拆開以後，我清楚看到一個「貪心」、而且缺乏「現實感」的演員，忘了自己只是在「扮演」角色，把「自己」弄不見了，讓角色取代了真的「自己」。

還不用開始哲學諮商，其實問題已經變得很小了。不要貪心，看清現實，知道無論上場扮演什麼角色，都要記得下場，下了場就做自己，問題就解決了。

說起來容易，可惜人生不只是一場哲學諮商。但是也沒那麼難，因為人生的問題，確實可以像一個玩具般，只要好好地把玩，端詳一番，「理解問題」，「拆解問題」，這兩件事做完以後，雖然問題不會消失，但是一定會變小，就像手上的棉花糖一樣，問題的本質，在膨風的魔法消失後，就只是變回那一小杯平凡無奇的砂糖而已。

【第三部】

愛有對錯？

16 當哲學遇上交友軟體

——愛是一種慾望

善用哲學思考的邏輯技巧，就能看清自己在愛的關係上的盲點。那些覺得哲學沒有用的人，只是不知道該怎麼使用哲學而已。

在交友軟體上受挫的人，很容易以為自己是不值得被愛的人。

有一回，有個客戶拿了他在「聽的」（Tinder）這個交友軟體的個人檔案來，指定要用哲學諮商的技巧，搞清楚為什麼別人口中「約砲神器」，他用了卻慘遭失敗，三個月來都只遇到「聊天咖」。

「所以你是想知道要怎麼改，才可以約到砲？」我鎮定地確認客戶的意圖。畢竟不做道德跟價值的判斷，是哲學諮商的基本態度。

「對啊！」這位三十多歲的男性客戶非常誠懇地說，他一年來因為男性荷爾蒙過低，提早進入更年期，一直接受藥物治療，但是指數都沒有好轉，甚至更惡化了。上次醫生突然單刀直入問：「這段治療期間你有沒有性生活？」

「沒有。」他誠實地回答。

於是醫生說如果沒有性生活，就不再接受他繼續掛號看診。他為了要能夠接受治療，決定下載交友軟體，結果沒想到都沒有約砲成功，只遇到想聊天談心的。

為什麼約不到？

在哲學諮商中，我知道這屬於「典範轉移」（paradigm shift）的範圍，簡單來說，就是從一個（約不到砲的）舊典範，要搬新家到一個（約得到砲的）

新典範。

徵得客戶的同意，我請他提供個人檔案的完整截圖，提供給參加哲學工作坊的哲學思考學員，讓每個學員根據客戶的個人檔案，透過觀察（必須提出證據），找出四個「為什麼這個人約不到砲」的原因。

其中一位人在加拿大多倫多的合氣道高手阿雪，提出了四個有證據的觀察，同時說明對這些觀察的解讀：

1. 客戶挑選的個人照都是閉上眼睛、要不就是轉過頭的

↓你是有多不想面對？

2. 客戶的自介說「如果你靠近我，你會愛上我」

↓約砲的沒有要愛上你喔！

3. 客戶的交友目標寫「短期關係，但不排斥長期的」

↓不知道自己究竟要什麼！

4. 基本資料前半部（工作、居住城市）都沒填

↓刻意隱瞞，給人不誠實或自卑的印象。

另外一位在大學教授英美文學的漢納，也提出了另外四個觀察跟解讀：

1. 客戶提供的照片看起來都很自得其樂，例如躺在溪流中、照顧花草樹木等，沉浸在大自然中，感覺他自己和大自然的連結已經讓他很滿足，不需要和女人的連結。
2. 客戶在「關於我」這一欄寫了「如果你靠近我，你會愛上我，因為我有溫暖的嘎吱窩」。如果客戶想要約砲，也想找到目標是想約的女性，最好文字中不要出現「愛上」的字眼。這字眼可能反而使一些只想約砲的女性失去興趣。
3. 客戶使用者名稱「Mr. 樹」感覺沒有性感遐想的空間，聽起來比較像生態環境保育專家的稱呼。
4. 交友目標和交友類型不明確（開放式關係很好，但單一伴侶關係也很好，短期關係很好，但不排斥長期關係），這種還在自我摸索中的模糊

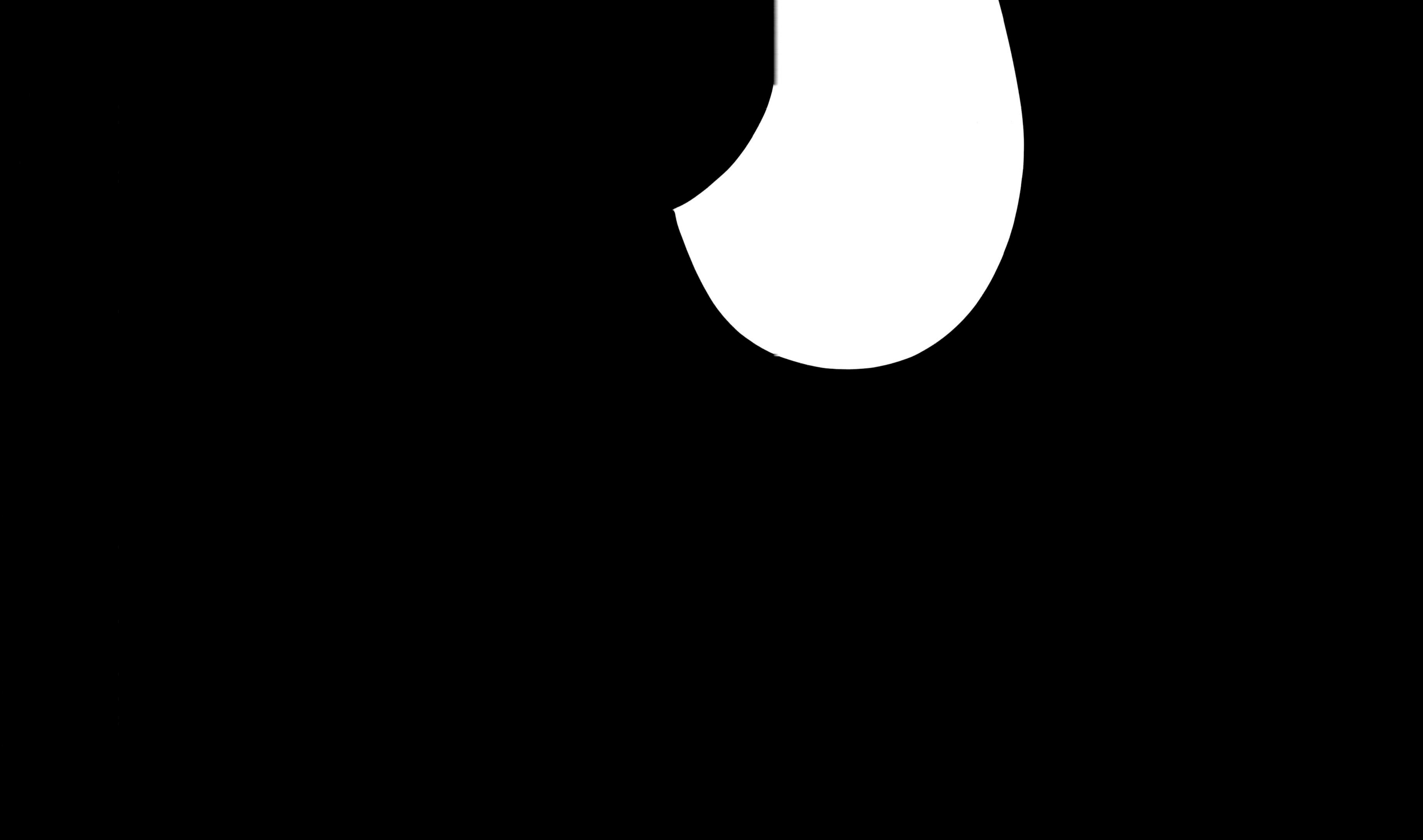

當我愛著一個人時，
無論是渴望的戀愛對象、
自己的孩子或父母，
他們都不屬於我。

敘述，會讓只想要短暫肉體關係的女性有所防備。

隱藏自己，而不是表現自己

客戶看到了這些觀察和解讀之後，顯得有些吃驚。

「你到底想要被看見，還是想要隱藏自己？」我問客戶。他想要被看見，卻做了隱藏自己的事情。不只隱藏了自己的眼睛，隱藏了自己的身分，也隱藏了自己的性慾。

想要隱藏的背後，往往有著用錢也無法改變的匱乏感。比如打從內心認為自己窮的人，害怕被看見，因為窮人被看見的時候，通常都是需要被幫助、低人一等的時候，所以會想盡辦法跟別人一樣，不想被注意，那是一個由恐懼組成的無底洞。好像《模仿犯》裡一個有刀疤的角色，總是想要隱藏自己的刀疤，即使他在生活中有正常的工作，也有正常的能力，但是他的匱乏感，讓他把精力用在隱藏自己，而不是表現自己。

所有的照片，都是閉上眼睛的，讓我們看到一個把自己跟外界隔絕起來的人，就好像蠶寶寶用繭把自己跟世界隔離起來，強調自我保護，卻只能被動的希望天敵不會看見繭裡面柔弱的自己。這種拒絕自己慾望的人生，真的算是活著嗎？

缺乏慾望、不知道自己為什麼要活著的人、自我隔絕的人，跟死其實是一樣的。說難聽一點，誰會想要跟一個繭約砲？

「你知道你選的照片，眼睛都是閉上的嗎？」我問客戶。

「沒講我還真沒注意到！」客戶顯得很震驚的樣子。

「這不是巧合，對吧？」

「真的！這八張照片，是我從很多很多照片裡面海選出來的最好的照片！」

我邀請客戶反思自己強烈的自我保護傾向。

「老實說我一直覺得我沒有真正的朋友，也是自我隔絕的結果，」他說，「大家都以為我朋友很多，求學階段我跟大家都很好、也是開心果，其實都是自我保護，現在才看懂，難怪一直有一種覺得我沒有打開心胸去接受感受、或是去愛的感覺，好像很怕自己會壞掉。從小家裡也是都怕東西壞掉，無論是遙控器、或是新的電器，包裝的塑膠套都不拆開來使用，直到電器壞掉為止，我都沒有摸過本體！原來我就一直到壞掉、都還戴著保險套啊！」

點燃慾望，接受自己的慾望

看清了自己那種內在貧窮的匱乏感之後，我問他最重要的問題：「那你什麼時候要破繭而出？」

蠶寶寶離開繭的自我保護，要變成蛾去面對危險的世界，燃燒短暫的生命，到門的另外一邊，需要什麼條件？這些條件就是提出新的典範。

想要改變，需要「慾望」。

想要長大，也需要「慾望」。

想要被愛，是一種人的「慾望」。

想要交配，也是一種生物的原始「慾望」。

了解「禁慾」是一種修行人的自我隔離、自我否定的狀態，要走向自我肯定——肯定自己的慾望、相信這一步非做不可的信念，就要有覺悟、必死的決心，知道自己只要不行動就什麼都不會發生、願意承擔風險。聽從內在生物本能的呼喚，換句話說，就是「全然接受自己的慾望」。

願意讓危險破繭而出，而不是只靠運氣在繭裡活下來，需要的是「勇氣」。

耐心不見得是美德，對於缺乏行動力的人來說，需要的是不要有耐心，才能結束無止境等待的狀態，而是掌握時機，化成求偶的「行動」。

點燃慾望，接受自己的慾望，鼓起勇氣，然後把握時機行動。

原來這四個看起來簡單的原則，就是約砲哲學的真諦啊！所有參加哲學工作坊的人，在看見這個結論的時候，都忍不住感動了。我從來沒有想像過，會有一群來自四面八方的哲學踐行者，那麼期待一個哲學諮商客戶約砲成功。誰說哲學只能想些沒用的東西呢？

17 沒有一定要在一起的人

——愛是一門藝術

我們很容易忘記，「愛的關係」裡的每個人，其實都是沒有一定要在一起的人。正因為如此，選擇「在一起」才如此可貴。

有一回我收到一個協會主管的求助函，他是這麼寫的：

阿北你好，

我是一個小型協會的理事長。基於一個美好的理念，開創了這個教育相關的協會，但是我找來的理監事跟顧問之間，似乎總是無法達成共識。唯一溝通的方法，就是我必須個別與他們一一單獨討論，他們才會私下告訴我他們的想法。

這麼單打獨鬥雖然很累，但我的希望是如果兩年後做出一點成績，就可以交棒下去，但理監事們共同的聲音是，我應該從「凝聚內部力量」開始做起。

究竟我該要怎麼做呢？

空間、成員、還是功能？

我給這位理事長的回覆相當直接：如果你不了解你所成立的協會「本質」，你就無法知道，為什麼你總是一個人單打獨鬥，而且，你就是這個協會，不會有別人。

先不管這是一個什麼性質的協會，你知道「協會」的本質是什麼嗎？

根據維基百科，協會有一個簡單的定義，就是指「由個人、單個組織為達到某種目標，通過簽署協議，自願組成的團體或組織」。

仔細想一想，生活中有沒有什麼樣的組合，跟這個定義也很像？請想十秒鐘。

十秒鐘到。答案是「家庭」。

你想到了嗎?兩個人通過簽署結婚證書,就可以自願組成家庭。「『協會』跟『家庭』的本質怎麼會是一樣的?」你可能會覺得荒謬。但仔細想一下,就不難發現,無論是協會還是家庭,都是明明沒有一定要在一起的人,卻自願在一起。也因為家庭的兩個成員,沒有一定要在一起,所以如果忽略法律的約束不談,也容易就自願分開。

所以,你心目中「家庭」的概念指的是什麼?是空間嗎?是成員嗎?是功能嗎?還是什麼人和我住在一起?

用同樣的邏輯再想一想:「協會」的概念,是空間?是成員?還是功能?任何有常識的人,一想就能夠看出來,無論是家庭或是協會,都不應該是一個空間,因為空間只是一個空殼,沒有人的家庭,或沒有人的協會,光是有一間房子跟招牌,並沒有實質意義。

如果是成員的話,請問是什麼因素影響家庭或協會的成員的多寡?

如果是功能的話？那家庭或協會有哪些功能？這些功能都一直存在嗎？

錢和感情，至少要有一個

成員越來越多的家庭或是協會，其實就有滿足你說的「凝聚內部力量」的條件，基本上有兩個條件，一個是有「錢」，另一個是有「感情」，至少要有一個。

一個沒有錢的家庭，如果很有感情，那麼就還會凝聚在一起，甚至成員會變得越來越多。協會也是。比如說臺灣著名的「荒野保護協會」，在協會臉書頁面上就有這樣一則：

別的團體的解說志工上課免費，有吃又有拿，荒野的解說志工，訓練前還得面試，要自己付錢上課，一大堆作業，缺課還得補學分，結了業，只能領到一張薄薄的結業證書和一條荒野綠領巾，幸運的話還可以領受解說總召或是分會長理事長一個擁抱，這群人不是傻瓜是啥？

至於一個沒有感情的家庭，如果很有錢，當然也還會凝聚在一起，成員也會變得越來越多。協會也是，如果錢不斷增加，還會轉型成為門檻更高的基金會，成員也會變多，這就是現實，許多有錢人自己成立的「家庭基金會」的存在，就證明了「協會」跟「家庭」本質有很多相同的地方，所以才可以把這兩個看似完全不相關的概念，結合在一起。

如果一個家庭，既沒有錢也沒有感情，就算有法律的約束，也沒有辦法勉強讓這些人繼續擔任這個家庭的成員，於是我們就會說，這是一個「失能」的家庭，意思就是這個家庭，就算有空間，有成員，也沒有功能。

所以我要請理事長捫心自問的是這個非常不堪的現實問題：你們有錢，還是有感情？

如果答案是都沒有的話，那你要有很好的心理準備，這個所謂的「協會」，其實沒有你想像中的一群人，因為沒有一定要在一起的人，決定不在一起，才是理性的。

醒醒吧！根本沒有什麼協會，只有你自己。當你不願意做所有事情的那一天，就是這個協會停擺的那一天。

很感傷嗎？大可不必，因為這很正常。以印度來說，登記有案的非營利組織中，有超過八成處於沒有運作的停擺狀態。你會說出「兩年之後做出一點成績自然有人搶著接手」這樣的話，只是更加證明你的現實感很弱罷了。

但若你明白了本質，還願意繼續做下去，跟它緊緊綁在一起，那麼這個協會就是你的真愛了，你這個「個人」和協會這個「組織」，就形成了某種形式的「家庭」。

從「家庭基金會」到「家族企業」

從這個問題的討論當中，也延伸出了一個有趣的思考，那就是「家庭基金會」，到底本質是家庭，還是基金會？

還有，所謂的「家族企業」，本質到底是家族，還是企業？

這個問題，並沒有一定的答案。

最近在一次跟呂秋遠律師合作的邏輯思維分析課程當中，有一個諮商的個案，恰巧是一個困擾的家族企業管理者，他的問題出在「德不配位」的哥哥，雖然沒有同等的努力付出，卻以「公平」之名，要求跟這位實際付出的經營者，在這個家族企業每個月領一樣的薪水。

諮商過程的第一件事，我們就請這位家族企業經營者，先界定這個家族企業的本質，究竟是「家庭」還是「公司」。

原因相當簡單，如果這是一個家庭的概念，那麼手足之間就應該公平。但如果這是一個公司的概念，那麼就應該論功行賞，薪水反應工作的付出。每個家庭企業情形不同，有些是家庭，有些則是公司。

「這是一間公司。」這位痛苦的經營者想了想之後說。

「那麼你就不應該答應你哥哥的要求。」呂律師斬釘截鐵地說。

釐清這個家族企業的本質之後，律師建議讓這位在公司尸位素餐的哥哥離職，在外另謀高就，如果哥哥在外的薪水比在家族企業低的話，不妨由弟弟自己展現氣度，大方掏腰包，自己貼錢補足哥哥在外上班薪資的差額，但這必須基於「手足之情」，讓家中的長輩心服口服，而且帳面上必須跟「家族企業」一點關係都沒有，因為這是「家庭」的概念，不是「公司」的概念。

如此一來，只需要付哥哥薪水的差額，而不是付全部的薪水，就可以讓這個妨礙公司向前發展的家人離開公司，其實是最便宜、划算的解決方式，也會讓這個對於職場薪資缺乏現實概念的哥哥，藉由在外磨練，了解自己的能力在社會中的合理真實定價，卻沒有實質上金錢收入的犧牲。

對非營利組織來說，這就是「社會企業申請政府補助款，作為固定收入來源」的概念。

這就回到我們一開始說的，協會也好，家庭也好，公司也好，凝聚內部力量的條件，「錢」和「感情」，至少要有一個，那麼這群沒有一定要在一起的人，還可以繼續在一起，但身處其中，不可以不知道這個組成的本質，明明是錢卻硬要說成是情感，就終有一天會成為八卦新聞中富人家族分崩離析、爭奪家產的笑話。

現實世界，用邏輯思維看清本質之後，似乎也沒有那麼複雜。

你的生活中，是不是也跟沒有一定要在一起的人朝夕相處？那麼你知道凝聚你們在一起的本質，究竟是什麼嗎？

18 單身有什麼不好？

——愛就是忠於自我

如果單身能夠愛自己，跟自己建立起一個充滿愛的關係，單身有什麼不好？

先說結論，任何一個能夠跟別人建立起愛的關係的人，必須先跟自己建立起愛的關係。

所以愛就是忠於自我，不跟自己為敵，停止告訴自己「我要成為一個更好的自己」，「我要戰勝過去的自己」。這種習慣自我對抗的人，是不懂得愛自己的人，而一個不懂得愛自己的人，是不可能愛別人的。

來自西班牙夢幻島嶼「加那利群島」的大學哲學博士候選人亞伯爾問：

為什麼我年過三十歲還是單身？

如何對一個受過完整哲學思考訓練的人進行諮商？

我在聽到問題之後，大約有十秒鐘來決定接下來應該要採取的行動。諮商方法是否有效，取決於對問題的了解深淺，跟諮商經驗的多寡，但即使最有經驗的哲學諮商師，也不一定會有百分之百的成功率，就像有經驗的登山家一樣，每次到一座新的山，都是一場新的挑戰，無論山的外表看起來多麼無害，都要抱著戰戰兢兢的態度，全心全意面對。

因為亞伯爾是一個受到完整哲學思考訓練的人，所以對於這個長期困擾他的個人問題，應該早就已經用過各式各樣的思考理論分析過自己，但顯然沒有用處，這是為什麼他會要求我為他做哲學諮商。

所以，我決定試著用「預設」（presuppositions）的方法，讓他跟自己的切身問題，拉開一段距離，就像登上山頂再往下看自己居住的房舍，或許從新的角度，可以看到新的視角。

為什麼你不想要單身？

「亞伯爾，假設問這個問題的人不是你，是完全不認識的別人，請給我五個假設，什麼樣的人，會問這個問題呢？」

亞伯爾說這個人應該是：

1. 擔心自己單身的狀態。
2. 不想要單身。
3. 覺得愛是很重要的。
4. 覺得沒有人喜歡一直單身。

他只想得到四個，但是沒有關係。我們一起看這四個假設。

「你有沒有覺得其中有一個特別突兀？」我問。「你覺得是哪一個？」

「第三個『覺得愛是很重要的』。」

「我也覺得。你覺得為什麼突兀？」

「因為愛讓人生完整。」亞伯爾說。

「我覺得不是耶，」我說，「因為這個人覺得『單身的人，等於沒有愛』。」

於是我們談了一會兒，其實我知道有很多已婚的人，不計代價要變成單身，犧牲他們的房子，財產，甚至孩子的監護權，就是因為婚姻已經沒有了愛，因此要為自己爭取恢復單身，才可以再度擁有選擇愛與不愛的合法權利。

所以「已婚」狀態並不是愛的保證，而「單身」也不是缺乏愛的表現，實際上，大多數人最美好的戀愛，都是發生在單身的時候，結婚的人如果發生驚天動地的愛情，對象偏偏又不是另一半的時候，問題就很大了。

「所以如果要這個覺得單身很不好的人，在『充滿浪漫愛情的單身』，跟『沒有愛情的婚姻』當中選擇，你覺得這個人應該要選哪一個？」我問。

「那當然選擇有浪漫愛情的那個。」亞伯爾回答。

「所以單身或是已婚狀態，就不是那麼重要了。」

「確實是這樣。」亞伯爾點頭。

單身的好處

既然亞伯爾已經發現他真正在乎的，並不是脫離單身生活本身，而是渴望浪漫的愛情，所以我請他想三個單身的好處。他想了想以後說：

1. 獨立。什麼事情考慮自己的需要就好。
2. 有比較多的時間可以給自己。
3. 沒有感情的困擾。

雖然亞伯爾並不是特意為了要得到這些好處，才保持單身的，但是原本對於自己孤家寡人一直覺得憂心忡忡的他，自從意識到單身的好處，包括人可以不斷自由自在一直沉浸在戀愛裡，對於生性風流浪漫的西班牙男人來說，確實很具說服力。

「想想看，有多少已婚者願意傾家蕩產，脫離一個已經沒有愛的婚姻，付出昂貴的代價，就只是為了追求一個像你現在的單身狀態，你卻急於脫離，不是很不理性嗎？」我笑著說。

這個單身的焦慮，算是解決了，但是也產生了新的問題，因為亞伯爾發現他的焦慮根源並不是原先想的「單身」，而是渴望浪漫的愛情，但是卻一直遇不到那個「對的人」。

亞伯爾因此跟我預約了下一次的哲學諮商，要探討「為什麼我總是遇不到對的人？」這個問題。

19 為什麼我總是「遇不到對的人」？

——愛是一種遊戲規則

貪婪的人有一個特性，總是想要得到「更多」，所以永遠得不到所有他們想要的東西。

在上一次的討論中，生長在西班牙夢幻島嶼「加那利群島」的年輕哲學家亞伯爾發現，自己的焦慮根源並不是原先以為的「單身」，而是渴望浪漫的愛情，但是卻一直遇不到那個「對的人」。因此，他想問：為什麼總是沒辦法遇到可以長相廝守的那個人？

渴望愛情的發問

「對的人」是什麼樣子？

「你覺得什麼樣的對象，才是『對』的人？」這是我咀嚼了幾遍亞伯爾的問題後，真正想要問亞伯爾的。但是這樣太單刀直入了，可能會讓我們的討論立刻陷入僵局，所以我決定稍微繞個圈子。

「亞伯爾，你相信對的人存在嗎？」我問他。

「當然。」

「這個特定的人需要符合什麼特定的標準（criteria）嗎？」

於是亞伯爾給了我三個他心目中理想對象的標準：1.聰明；2.優雅；3.美麗。

「哇，這個人聽起來真是完美。」我說，「亞伯爾，要找到這樣的人不容易吧！」

於是我們稍微討論一下，如果這三個條件不能完全符合的話，有沒有其中哪一個是他願意「犧牲（compromise）」的。

亞伯爾想了很久以後說，那「美麗」可以不要，只要「普通、正常」就可以了。

但我們都知道，每個人對於「正常」的標準都不同。

實際上，亞伯爾的每個條件都是主觀的，沒有一項是客觀、量化的標準。對於他這個充滿浪漫情懷的西班牙哲學博士來說「笨」但是「美麗」的女人，搞不好在新任美國總統川普眼中，根本「太醜」、又「太聰明」。

知道亞伯爾的標準這麼主觀，就先放在一邊吧，沒必要鑽牛角尖朝著這個方向繼續討論下去。但我想要針對「標準」這個概念多談一些。

白雪公主真的愛白馬王子嗎？

我提出一個假設，請亞伯爾判斷一下這個狀況。

「假設白雪公主對白馬王子說：『只要你給我十克拉的大鑽戒，我就愛你一輩子。』你覺得白雪公主真的愛白馬王子嗎？」我問。

「嗯，不能說沒有這個可能性。」

「但你覺得白馬王子會相信白雪公主是真心的愛他嗎？」

「不相信。」亞伯爾回答。

「白馬王子會覺得白雪公主是一個什麼樣的人？」

「一個貪婪的女人。」

「白雪公主認為大鑽戒是真愛的條件，你如果是白馬王子，卻會覺得白雪公主貪心。那反過來白馬王子認為愛的條件是什麼？」

亞伯爾想了很久：「愛哪有什麼條件？愛就是愛啊！」

於是我提醒亞伯爾，作為白馬王子，他剛才提出白雪公主的三個標準，聰明、優雅、美麗，跟白雪公主要的十克拉的大鑽戒，其實是沒什麼兩樣的。

「如果你告訴白雪公主，她因為符合你早就預設好的三個條件，所以她是那個『對的人』，你覺得白雪公主會相信你愛他嗎？」

亞伯爾沉默了。他從來沒有想過，在愛情裡，他是一個貪婪的人，因為貪婪，所以才無法遇到對的人。

貪婪的人有一個特性，就是總是想要得到「更多」，所以永遠得不到所有他們想要的東西，當一個符合聰明、優雅、美麗條件的人出現時，貪婪的人會想到善良也很重要，家世背景不能太差，要求語言能力有一定的程度不算過分吧？當然還要喜歡小孩，有耐性，不然白雪公主以後怎麼當媽媽？牙齒不能歪也是最基本的吧！結婚典禮上新娘戴牙套，大鋼牙怎麼見人？噢，孝順另一半的爸媽，那是一定要的啊。會下廚做飯，對喔，這也需要，難道婚後每天每餐都上館子嗎？嗯……有抽菸的習慣？這得好好考慮。對了，白雪公主家族是不是有什麼遺傳疾病，不然皮膚怎麼那麼白？聽說皮膚太白的人免疫系統比較差，容易生病……。

因為貪婪，所以這個理想清單，一定會無限增長。

在愛情裡貪得無厭的人，永遠不會遇到「對的人」。

我知道亞伯爾已經得到了他想要知道的答案。

關於貪婪

我們都聽過「愛是無條件的」這種說法，實際上是很有道理的，因為有條件的浪漫，應該叫做「做生意」才對，不叫愛情。

著名物理學家愛因斯坦（Albert Einstein）說過一段很有意思的話，我在諮商的最後送給亞伯爾：

「三大力量支配這個世界：愚蠢、恐懼、貪婪。」（Three great forces rule the world: stupidity, fear and greed.）

「貪婪」這股力量，支配了亞伯爾的愛情觀。

我是在諮商過程中的什麼時候，開始意識到亞伯爾是個貪心的人呢？其實是在問到如果要犧牲理想伴侶三個條件的其中一個，應該犧牲哪一個時，我觀察到他花了特別長的時間，對於必須在聰明、優雅、美麗，取捨顯得很痛苦。

一個無法取捨的人，如果排除愚蠢的可能性（亞伯爾是哲學博士），那貪婪應該就是罪魁禍首了。

至於我完全不考慮「恐懼」的原因是，亞伯爾一開始問的問題不是「為什麼我總是遇到錯的人」，而是「為什麼我總是遇不到對的人」，這兩種狀況表面上相似，實際上完全不同。

恐懼的人會因為害怕一個人孤獨終老，無論合適與否，隨便找一個可能是大爛人在一起，所以特別容易遇到「錯的人」。至於因為挑三揀四以至於永遠遇不到「對的人」，通常比較有自信，沒有什麼恐懼。

「我很難接受自己是個貪婪的人，但根據我們討論的結果，我知道你說得對。所以接下來我該怎麼辦呢？」亞伯爾問。

其實不能怎麼辦，我說。當下次再遇到一個「美中不足」的人時，要能夠清楚地觀察自己的思考，是真的對方不夠好，還是又犯了貪婪的老毛病。

「只要能夠抽身檢視自己的想法，『我是一個貪婪的人。貪婪的人當然會這麼想。』這樣就是個很好的起點了。」我說。

「可是如果不貪婪的話，不就任何人都可以是對的人了嗎？」亞伯爾顯得有些憂心忡忡。

「不，你說的那叫做『神愛世人』。按照邏輯上來說，愛所有人表示世界上沒有錯的人，無論男女老少每個人都是『對的人』，所以『神』完全沒有愛因斯坦說的貪婪毛病，但貪心的西班牙男子亞伯爾，應該沒有那麼博愛。」

我們都笑了。

諮商結束以後，我回顧著諮商筆記，心裡忍不住想著，世界上每一個渴望愛的人，如果能夠停止「貪婪」，丟掉條件、標準、對十克拉大鑽戒的嚮往，意識到任何人都有「可能」就是那個對的人，每個片刻、每個角落，就會都充滿著可能性，這世界不是很浪漫嗎？

20 若要能愛人，先當一個有能力愛自己的人

——愛是一種昇華

很多人都說要愛自己，但只是自戀而已，他們並不知道如何愛自己。
愛是一種昇華。真正的愛，讓我們脫離自戀，
成為一個有能力愛別人的人，以及有能力愛自己的人。

「阿北，請問要怎麼找到對的人呢？」亞伯爾問。
「你想知道的是『為什麼亞伯爾找不到對的人』嗎？」我反問亞伯爾。
「不是喔，我的問題是『阿北你怎麼找到對的人呢？』」

自戀的人找不到愛，因為你愛上的是自己

從亞伯爾問問題的方式，我可以判斷他是一個超級自戀的人。因為明明是他個人的問題，可是亞伯爾相信自己的問題，就是別人的問題，而自己的標準，就是別人的標準，這是為什麼他覺得「阿北怎麼找到對的人」這個問題，可以提供「亞伯爾怎麼找到對的人」的答案。

有了這個背景判斷後，我第一件事，就是請亞伯爾試著拉開一點距離，給我五個推斷（presuppositions），如果今天有一個陌生人問亞伯爾這個問題的話，那個人應該是一個怎麼樣的人？

「他應該慢慢等？」亞伯爾說。

「不對，這不是推斷。」

「好，那我知道了。」於是亞伯爾說了五個推斷：

1. 他應該很好奇你的生活。

2. 他應該是個想要交女友的人。
3. 他應該會交女友，可能還沒碰到對的人。
4. 他應該拒絕太多女生了，要求太高。
5. 他應該交過很多女友，但是沒有遇到想結婚的，所以才請你幫忙？

「在這五個推測裡面，你覺得哪一個最特別，跟其他四個明顯不一樣？」我問亞伯爾。

「第一個。」亞伯爾很高興地說。

「但是第一個是私人問題，對你的問題根本沒幫助，」我提醒他，「我覺得是第三個。請你幫這個人想想看，什麼叫做『對的人』？請給我對的人的三個條件。」

亞伯爾心目中「對的人」要：

- 個性相符
- 價值觀類似

•互相深愛對方

「你有沒有想過，世界上同時符合這三個條件的人，真的存在嗎？」我問亞伯爾。

「有可能存在，因為世界上很多人啊。」

「我同意，我就恰巧認識一個。」我笑著說，「這個人跟你個性相符，價值觀一樣，又超愛你的，你覺得是誰？」

「我目前認識的人嗎？幾乎很少有滿足三個條件的。」亞伯爾滿腹狐疑地說。

「難道你自己沒有滿足這三個條件嗎？」

「那我應該是完全相符吧！」

「你有沒有想過你要找的那個人，根本就是你自己？」我說，「這世界上有沒有另外一個人，比你自己更符合你想要的這三個條件？」

我想提醒亞伯爾的是，當真愛的條件是個性要和自己一樣，價值觀也跟自己一樣，又深深愛著自己的人，除了「我」，不會有別人。所以當一個人用這樣的標準來尋找愛情的時候，是絕對找不到一個「別人」的。

為什麼找不到跟我價值觀一樣的人？

「為什麼你會說世界上沒有跟自己價值觀一樣的人？」亞伯爾問。

「因為你的價值觀就是你的想法。你的想法隨時會改變，也就是說你的價值觀隨時會改變。世界上會不會有另外一個人，他的想法跟價值觀，都恰好在人生的每一個片刻，跟你的改變同步呢？」我說。

亞伯爾似乎不大滿意這樣的說法，「有些價值觀是固定的，不是嗎？」

「是的，那些固定的價值觀叫做『普世價值』。你說有些價值觀是固定的，是否也就意味著有些價值觀是變動的？你可不可以想一個例子，自己在某方面的價值觀曾經有所改變？」

「有。金錢價值觀。」亞伯爾說，「過去認為要全部存款，現在是要會學習投資，因為存款利率不高。」

「原來如此。所以如果現在有一個符合其他條件的人出現了，可是他堅持你應該要把所有的錢都存起來，不可以冒任何投資的風險，你覺得還能完完全全地愛著對方嗎？」

「我會請他給我一個合理的理由，為什麼錢要全部存起來。」

「他的理由，跟過去的你的理由一模一樣，都很合理。」我說，「或許他以後會改變，但是現在的他，完全無法想像、也不能夠接受現在的你對金錢的處理方法，他覺得這樣太冒險。」

「我會跟他解釋我現在做的方式。」

「如果說服不成的話，你們會為此鬧僵吧？」

「如果真的談不妥，那就錢分一半給他管，一半我來投資。」亞伯爾說。

「這樣的人，價值觀跟你不同，還會是『對的人』嗎？」

「如果符合其他兩個條件，還是可以的。」

「你覺得可以，搞不好他覺得不可以。他因為無法說服你把錢全部存起來，因此決定你不是『對』的人，跟你分手，即使這個人對於你來說，還是對的人。有沒有這個可能？」

「有可能。」亞伯爾說，「如果對方堅持分手的話，他應該不認為我是對的人。」

「所以即使對方三個條件都符合你要的，你也沒有辦法保證對方覺得你就是那個『對』的人，不是嗎？」

「是的。」

「所以『對』的人不是你片面可以決定的，必須是雙方決定的。」

亞伯爾表示同意。

「你可以幫另外一個人決定嗎？」

「我可以給予建議但無法替別人決定。」

「如果你無法替別人決定，你片面的條件是否滿足，就沒那麼重要了，不是嗎？」

在找「對」的人最常忘記一件重要的事：我們都以為按照自己開立的條件，在茫茫人海中去找到那個條件符合的人就好了，卻沒想到即使對方完全符合我們的條件，我們卻不一定符合對方的條件。

一心一意愛著自己的人，唯一找到可以經營完美關係的「對」的人，勢必只有自己。所以對於一個過於自戀的人，想要找到「對」的人，第一件要提醒自己在思考上注意的是：關係是兩個人的事。彼此「對」或「不對」，是雙方共同決定的，而不是一方堅持「對」就可以成立的。

我們討論當中，發現亞伯爾認為如果找到符合條件的人，就可以去說服對方自己就是對方眾裡尋他千百度那個「對」的人，或是按照自己的方法，去設定自己覺得合理的條件（財產分一人一半）。我認為「想要勉強去控制無法控制的事」本身，是思考上一個很大的問題，所以我們同意另外找一個時間，討論「條件式接受（conditional acceptance）」的問題。

關於什麼是條件式接受？請看第四部的〈愛讓我們自由〉。

21 為了自由，寧可旅行也不要結婚？
——愛是一種信仰

有些人把自由當成一種信仰。
但與其信仰自由，更應該信仰愛，
自由不一定會讓我們得到愛，而信仰愛卻會讓我們得到自由。

Dear 阿北你好，
我是小米，今年大學畢業生。
我大約在十九歲時開始蒐集所有你的書，以你為人生目標，我打工存錢，為了背包旅遊，在二十一歲時去了人生中第一次的背包客旅行，更了解到自己語言上的不足，更努力地學英文，也培養更多內在的以及其他我認為需要補足的能力，那次以後我瘋狂地愛上旅行，也把你的每一本書當作聖經，送給更多更多需要的人，很多事情都是從你書上學來的，也有一句話因此變成我人生座右銘。

Be the change you want to see in the world.

不知道你還記不記得我，我在去年的時候寄過一封信給你，也在臉書訊息傳過訊息給你，我跟你說我遇到了一個我很喜歡的荷蘭人，因為距離我們沒有在一起，但我無法釋懷。

畢業後的我現在陷入兩難，我想去打工度假和旅行，但擔心未來在臺灣的工作履歷，於是最近的我開始了正職工作，為了對自己未來負責，但我擔心兩年後的我老了，沒力氣了，甚至因為老了也還是單身的這個憂慮，一直困擾到現在長達了一年，因為我從小在單親家庭長大，對於親情的缺乏更會讓我害怕未來是一個人，因為這個擔心，讓我做每個決定都很害怕，我是不是去旅行兩年到三年，我回到臺灣就二十八歲了，然後我還是一個人……

因為從小太缺乏愛了，我在這一塊更顯脆弱。四年前的我當時也是遇上了失戀，開始閱讀你的書，我完全專注在對自己人生負責以及旅行這件事情上面，這幾年的我調適得都很好。

但現在的我真的很擔心，因為旅行魂，沒辦法克制自己在臺灣工作，對於從小到大的夢想，到馬丘比丘上、躺在死海裡面，我每天腦海裡都是浮現這樣的畫面，就算學會了與自己相處，對於自己的擔心又很害怕，我害怕二十五歲出發的我，回到臺灣三十歲了，還是一個人……

親愛的阿北，謝謝你閱讀了我以上的煩惱，也希望能得到你的建議，謝謝你！

小米

旅行就等於單身？

我收到讀者小米的來信後，問她想不想試試看用哲學諮商的方式來幫助自己找到答案。她答應了。於是我給了第一個指示：

請將你的問題，簡化成一個以「為什麼」開始，不超過十五個字的一句話。

小米的題目變成這樣：

為什麼擔心旅行回到臺灣後，會是單身？

我問小米有沒有發現，「旅行」跟「單身」之間，從邏輯上來看，應該是沒有「因果關係」的。於是請小米想一想，這兩個概念中間是不是漏掉了什麼？

「旅行→＿＿＿＿＿→單身」這個句型，小米給了我五個答案，我們把它放進句子來看：

1. 因為旅行→背包客不斷握手與分手→所以單身。

2. 因為旅行→環境因素使然→所以單身。
3. 因為旅行→人在異鄉→所以單身。
4. 因為旅行→和原本的生活脫軌→所以單身。
5. 因為旅行→不確定因素很多→所以單身。

我問小米，覺得這五個答案都合理嗎？還是有些是不合理的？有沒有其中哪一個是特別重要的原因？

「我也想了好久，感覺每一句話都很合理，但因你後面提出的還是有哪些不合理的？我就又覺得好像有哪裡不對。」小米說。「我的答案是：我認為每一點都合理，最重要的一點是第一點，因為我也會是不斷跟人握手分手的角色。」

跳出自我中心，看見自己的不合理

為了讓小米能夠從「自我中心」跳出來思考，所以我問小米，如果今天有一個你不認識的人說：「我因為上班，工作需要不斷跟客戶握手與分手，所以單身。」你會覺得這個人是一個什麼樣的人？請用「他是一個＿＿＿＿的人」的句型，給我五個推測。

小米的回答是：

1. 他是一個不懂得規畫的人。
2. 他是一個邏輯很奇怪的人。
3. 他是一個不懂得生活的人。
4. 他是一個工作狂，生活很忙碌的人。
5. 他是一個不穩定的人。

「所以，他單身，跟他需要上班，應該沒有直接關係，是嗎？」我問。

「沒錯，但也有可能因為他上班太忙碌了，所以單身？」

「這樣怪怪的喔！」我笑著說：「因為在邏輯上，沒錯＝yes；沒錯，但……（yes, but……）＝no。所以根據你的五個推斷，你回答『他單身，跟他需要上班，應該沒有直接關係。』到底是『是』還是『不是』呢？」

小米第二次的答案是：「上班是必要的，所以跟是不是單身沒有關係，今天是單身或是不是單身，都必須上班。因此我認為『需要上班，所以單身』，是沒有因果關係的。」

我請小米把這個答案放回原本的問題：如果這樣，那麼「需要旅行，所以單身」，也是沒有因果關係的。

「我到目前為止有領悟一點就是：上班是必須的，所以不管怎樣都上班。」小米說，「對我而言，旅行是必須的，不管怎樣也要旅行。」

真正想要的，其實是……

我們整理一下小米的想法：

對我而言，旅行是必須的，不管怎樣也要旅行。但並不是因為需要旅行，所以才單身。所以單身的原因，跟旅行無關。

「如果單身的原因，跟旅行無關，那跟什麼有關？」我問小米。「對你而言，結婚不是必須的，沒有一定要結婚，所以才單身。不正是這樣嗎？」

很多人跟小米對上班的想法一樣，必須的原因，可能是薪水，可能是打發時間，可能是社會期待等等。他們也會說結婚是必須的，必須的原因，可能是傳宗接代，社會期待等等。但是如果問那些同樣覺得非結婚不可的人，旅行是不是必須的？他們很可能會說不是。也就是說，這個想法並不尋常，不是所謂的「常識（common sense）」。

「所以請告訴我，旅行給了你什麼，是婚姻不能給你的？而這個東西對於你是必須的？」我問小米。

小米這次花了很長的時間思考，最後這樣回答：「我要的到底是什麼？旅行給了我：

1. 一個機會可以了解自己的極限在哪裡（對生活、對冒險、對感受）。
2. 可以聽到更多故事；認識到更多志同道合以及不同國家的人。
3. 不用在乎社會聲音，只需要前往屬於自己的風景，也只需要享受。
4. 跳脫原本的生活模式。
5. 沒有壓力，說穿了可以盡情的放縱，做自己想做的事情。
6. 可以體驗到不同國家文化。
7. 讓心靈更加富裕、知足。
8. 讓我有一個屬於自己的空間，盡情闖蕩。

婚姻不能給我：

1. 自由自在地說走就走。
2. 自我實踐。
3. 用自己想要的方式生活。
4. 獨立的空間。

我必須要有的是：

1. 自由。
2. 追尋自己想要的夢想（痛快地躺在死海裡、到馬丘比丘高頂……）
3. 探索世界。

但小米也承認，這個過程讓她覺得很煎熬。她會重複問自己，這是真的嗎？為什麼不可以先找另一半在一起呢？……等等。於是她了解到一件事：她想要的，其實就是一個自己的空間。

思考是一件奇妙的事。很多直覺上先跳到腦海裡的事物，仔細分析起來，不見得是最重要的，但是要花很多時間才能想到的，反而比較重要。所以小米洋洋灑灑說了那麼多，其實真正重要的只有最後一句：「我要的是自己的空間。」

最後的主導權，在你自己手上

「你已經找到自己的答案：旅行給了我自己的空間，這是婚姻不能給的，自己的空間對於我是必須的。」我繼續問小米，「但旅行的時候，是『旅行』給了你自己的空間，還是『你』給了自己空間呢？」

「是旅行給了我機會，擁有更多的空間。」小米說。

「但是旅行的機會，是誰決定的呢？」我鼓勵小米再想深一層。

「是自己。」

「所以說，是自己給自己機會，擁有更多的空間。」

小米點頭同意。「我自己給自己機會去旅行，給了我自己的空間，這對於我是必須的。」

「既然『自己』才是決定擁有『自己的空間』的條件，而不是『旅行』，那麼為什麼不可以是『工作』或『婚姻』呢？」我接著問。

我之所以會這麼問，是因為很多人並沒有想過，當他們在說「我藉著讓自己旅行，給了我自己的空間，這對於我是必須的」這句話時，跟許多人說這兩句話時其實是一樣的：

1. 我藉著給自己工作，給了我自己發展才能的空間，這對於我是必須的。
2. 我藉著給自己婚姻，給了我自己生命擴大的空間，這對於我是必須的。

「記得我們一開始時，我說『旅行』跟『單身』中間並沒有因果關係，中間漏掉一個很重要的東西。那個東西你現在找到了，叫做『自己』。」

小米以為是旅行選擇了她，單身選擇了她，但是實際上無論是旅行與否或是婚姻與否，都是同一個人決定的，那個人就是她自己。

既然「自己的空間」就是小米不可或缺的生命元素，不可能因為選擇旅行才會有自己的空間，婚姻就不會有自己的空間，因為真實的「自己」只有一個，這個自己是不會因為外在狀態（旅行或是結婚）而改變的。

「希望你看到屬於你自己的答案了。」我說。

無論旅行還是結婚，都可能走向更開闊的未來

我們的哲學諮商到了尾聲，我請小米給我一些反饋：

1. 你喜歡我們的哲學諮商嗎？為什麼？

她回答：我很喜歡這次的哲學諮商，讓我學習到訓練自己思考的能力，會發現很多時候會自己騙自己，其實答案在問題本身，往往需要別人帶著自己去

面對它，我由衷地感謝你給了我這次的勇氣去思考，了解到自己的盲點，解決它、正視它，也讓我除去了很多很多的擔心，從一篇長篇大論的文章，變成一句話，一句話又可以分解成不同單字分析，進而了解問題所在。

2. 這段哲學諮商的過程中，有沒有什麼讓你覺得驚訝的地方？

她回答：我覺得哲學諮商真的很厲害，我從來沒有想過「旅行」跟「單身」中間漏掉一個很重要的東西，那個答案會是自己，從擔心單身，但很想去旅行這件事情，演變成是需要自己的空間，這樣的轉化在結束的時候會突然措手不及，因為答案是一開始完全不會料想到，沒辦法銜接在一起。這就像是，把問題解剖再解剖地去看它，最後找到答案，但我真的很佩服有這樣的思考邏輯以及能力。它可以套用在每個問題上面嗎？

3. 現在你對於自己的思考路徑變得有意識了，你的下一步會是什麼？

她回答：找回屬於自我的空間，找回自己。關掉網路、誘惑，認真問自己要的是什麼，然後勇敢直前。最重要的是持續閱讀、運動，這些都是幫助思緒清晰的辦法。

這是我第一次用這樣的方式去看問題，往後我也會用同樣的方式去看問題，去練習找到問題中的答案！

【第四部】

愛有什麼用？

22 世界上沒有不高攀的愛情

——愛讓我們悲傷

承認自己的愛情就是一個關於「高攀」和「交易」，並將之獻祭給生活、樂意在這個故事中老去，最後死亡的人，是無私而且高貴的。

首先，我要警告，你即將閱讀的是一篇恐怖的愛情故事。

不知道你有沒有聽過余秀華這個被譽為中國艾蜜莉·狄金森（Emily Dickinson）的湖北女詩人。這個腦性麻痺、將近五十歲的女人，走路搖搖晃晃，說話時整個臉部會不受控制地抽動，導致嘴角流口水，說話口齒不清。她出身貧寒的農村，沒有世俗認定的顏值，還滿口粗話，甚至酗酒。然而，她的詩卻大膽而美麗。她的成名作〈穿越大半個中國去睡你〉，是這麼寫的：

其實，睡你和被你睡是差不多的，無非是
兩具肉體碰撞的力，無非是這力催開的花朵
無非是這花朵虛擬出的春天讓我們誤以為生命被重新打開
大半個中國，什麼都在發生：火山在噴，河流在枯
一些不被關心的政治犯和流民
一路在槍口的麋鹿和丹頂鶴
我是穿過槍林彈雨去睡你
我是把無數的黑夜摁進一個黎明去睡你
我是無數個我奔跑成一個我去睡你
當然我也會被一些蝴蝶帶入歧途
把一些讚美當成春天
把一個和橫店類似的村莊當成故鄉

而它們
都是我去睡你必不可少的理由

中國湖北省的橫店村，是她出身的村子，余秀華現在還住在那兒。喜歡余秀華的人很多，欣賞她滿口髒話、率真不羈的個性，打破文壇精英的偽善，也對於她表達出女性深處對愛情的嚮往、對情慾的渴求，產生共鳴。不喜歡余秀華的人更多，對她鄉下人、殘障者、女性的多重偏見，加上她時不時情緒爆發、有酗酒傾向，即使她當上了當地作家協會的副主席，也讓主流社會難以接納她的人設和言行。

即使如此，余秀華還是在社群媒體擁有百萬粉絲，連內衣廠商也邀請她參與廣告片「一件我選的內衣」的拍攝，當然這系列的廣告中，除了余秀華，其他的女性都年輕貌美而且時尚。就是因為她寫了一首〈從內衣店回來〉的詩，所以不管人們喜歡或不喜歡她，余秀華都是有點社會地位的。

余秀華還是在社群媒體擁有百萬粉絲，不管人們喜歡或不喜歡她，余秀華都是有點社會地位的。

什麼時候，你才會對愛情死心？

十九歲時，余秀華的父母因為擔心他們走後女兒餘生無人照顧，就自作主張招了個比她大十二歲的外鄉人尹世平做女婿。尹世平常常以跟其他工人一起大聲譏笑余秀華的殘疾為樂，給她取外號叫「歪嘴」，甚至為了討回工頭欠他的區區八百塊錢，要余秀華去擋在工頭的車前面，理由是：「你是女人，又有殘疾，他不敢撞你的。」

所以余秀華成名後，加入了作家協會，拿到了一筆優厚的稿費，做的第一件事就是跟在北京打工的丈夫尹世平要求離婚。

「這個月回來離婚，給你十五萬，下個月回來，給十萬。」就這樣，余秀華買回了自己的自由。

離婚後開始追求愛情的余秀華，依然不在乎世人的眼光。

二〇二二年一月初，四十六歲的余秀華宣布跟小她十四歲的楊樯策戀愛。她說兩人是在直播時見面認識的，對方在神農架林區養蜂、賣蜂蜜，在知道余秀華胃疼後寄來蜂蜜，還曾從武當山腳下走到山頂，許願希望余秀華幸福。四月底，兩個人拍了婚紗照；五月，余秀華從湖北老家的橫店村來到楊樯策所在的湖北神農架林區的養蜂地同住，六月下旬，兩人又回到了余秀華所在的橫店村老家。

這段戀情遭受不少質疑。余秀華幾次公開回應自己的戀情，充滿對楊樯策的肯定，並在六月接受媒體採訪時表示「不管外界怎麼說，我們過好自己的生活最重要。」然而，採訪後不到二十天，余秀華便發文說明自己被楊樯策家暴，掐脖子，還被打了上百個耳光，看起來這段關係是結束了。

一個月後，有媒體發布了一則男主角的採訪，楊樯策說他覺得自己打人有錯，但不後悔打余秀華，因為在中國，「百分之九十九的家庭都有家庭暴力」。隔天上午，余秀華發文說，這段期間「……我想，他誠懇地道個歉，這事就算完了，但是到今天我沒有等到一個道歉。……直到二〇二二年八月十六日發出來的他採訪的視頻，我才真正絕望和死心：他是怎樣辜負了我！」

其實這之前三個星期，余秀華在個人公眾號發表一首叫做〈再見，神農架〉的詩，裡面寫著「再見，愛情。再見，神農架的男人，中國的男人，每一個男人。」

看來，余秀華終於對愛情死心了？

對於自己的戀情，余秀華始終不在乎世人的眼光。

所有有結果的戀情，都是「高攀」和「交易」

余秀華的故事，讓我想起德國詩人歌德有一句令人訝異的名句：「死亡並改變。」意思是人不會改變。我們必須死才能改變。

哲學裡說的死，可以是一種隱喻，不必要是生命最終的死亡。人生中的任何抉擇，都可以是讓過去的我們死去，在其他地方重生的一種方式。

順帶一提，當一個計畫無法達成或是戀情沒有結果的時候，我們口語上會說「完了」，這裡的完結不是終點，而是重新開始的可能性，也就是改變的可能性。

而余秀華，在一段又一段說不清是她高攀了別人，還是別人高攀了她的愛情故事中，不斷死去。

實際上，世界上沒有任何一個有結果的戀情，不是高攀的。

我們在哲學工作坊上，討論這件事的時候，從余秀華的兩段戀情，清楚看見華人強調的「門當戶對」是邏輯上不可能的假概念。因為在「身體健康」、「外型」層面，余秀華其實「高攀」了那兩個男人。但做為一個擁有百萬粉絲的知名詩人，在「精神」層面，以及包括經濟方面的「社會地位」層面，那兩個男人都高攀了余秀華。

我們並不能說，這叫做「互補」。互補必須是相同層面的，比如我喜歡買好東西但是沒有錢，而你有錢卻不知道怎麼挑選品味好的東西，這個時候你給我錢讓我幫你買東西，兩人才會是互補。然而不同層面，無法彼此互補的情況下，比如余秀華有「名氣」，楊櫧策是「小鮮肉」，這兩個人之間形成的依賴關係不能叫做「互補」。

那麼這種關係的核心「概念」是什麼呢？是「交易」。楊櫡策透過賣自己青春的身體，換一個可以幫他賣蜂蜜的名氣。余秀華則買到了她一直嚮往的愛情故事。其實只要有感情，這場交易買賣雙方都不吃虧。很多白頭偕老的婚姻，都是這樣的，文青的說法，叫做「把生命獻祭給生活」。但是沒感情的話，或是「拒絕把生命獻祭給生活」，那麼買賣雙方都吃虧，沒有任何一方是贏家。

也就是說，「有感情」並不是很多人以為的那樣，是「愛情故事」的「因」，而是因果關係裡面的「結果」。所有愛情故事裡的「合適」，都是經過「衡量」的。

既然需要衡量，就代表雙方資源的不平等，一旦資源平等了，兩個人就不合適繼續待在這段關係裡了。簡單來說，一個老闆跟一個員工，之所以能夠形成穩定的交易，就是因為資源不平等，一旦老闆的資源跟員工一樣的時候，員工就會自己去開公司當老闆了，或是老闆寧可把公司收起來，去別人的公司當員工。

余秀華想要當詩人，想要真愛、想要詩和遠方，拒絕將自己的生命獻祭給醜陋的生活日常。

只接受純粹的愛情，是廉價而自私的

那為什麼不談有感情的戀愛就好，還非結婚不可呢？我們用邏輯來進行一個簡單暴力的推斷：婚姻的形式，無非是在強化愛情這場交易的合法性，就像商品「獨家授權」的概念。

所以余秀華在跟賣蜂蜜的男人的這段愛情故事裡做錯了什麼？

從邏輯上來說，余秀華願意花十五萬人民幣買斷前夫對她的控制，她肯定是看懂了自己在做的交易。當時余秀華的夢想是得到自由，認為自己在這場交易裡，十五萬是合算的，所以毅然決然買斷婚姻的枷鎖，她願意為了夢想，把自己的生命獻祭給瑣碎無趣的生活日常，這是無私、高貴的。

但對於楊樹策，她卻天真地認為一個道歉、可以一筆勾銷打在臉上的一百多個耳光，那就是看不懂自己在做交易。

楊樹策一開始就在精神層面高攀余秀華，余秀華認為家庭暴力不可容忍，而這個男人真心相信「百分之九十九的中國家庭都有家庭暴力」，就是兩個人精神層面一高一低的證據，所以余秀華想跟楊樹策要一個真誠的道歉，等於是在向精神層面比自己低的人，要精神層面的東西。這是楊樹策給不出、也給不起的精神層面。

余秀華拒絕獻祭自己生命，只對自己希望中的「純粹的愛情」忠誠，看不見現實，買方拒絕接受賣方對於愛的定義，這種愛情的交易是自私、廉價的。

但余秀華不想當一個因為腦性麻痺，走路搖搖晃晃，說話時整個臉部還會不受控制地抽動，嘴角流口水，說話口齒不清的農村老女人。她想要當詩人，想要真愛、想要詩和遠方，拒絕將自己的生命獻祭給醜陋的生活日常，誰能怪她的自私呢？

余秀華是一個活在希望中，拒絕把自己的生命獻祭給醜陋生活的詩人，所以余秀華似乎已經又有新男朋友了，原來她還沒死透、仍然沒有對純粹的愛情死心。

余秀華很勇敢，但是這段新的自私愛情交易，也必然因為純粹而失敗——「邏輯」已經精準的預測了答案。

只能接受合乎自己希望的純粹愛情，這種人是廉價而自私的。然而，承認自己的愛情就是一個關於「高攀」和「交易」，並將自己的愛情獻祭給生活，並且樂意在這個故事中老去最後死亡，卻是無私而且高貴的。

而你，看懂了自己的愛情交易嗎？

23 為何那麼多女性都覺得「我不夠好」？

——用愛來和好

眼前這個美麗的姐姐擁有如此多令人稱羨的條件，卻仍覺得自己不夠好！而我們其他女孩的心裡也擁有類似的問題……

這一篇是我的法國哲學老師奧斯卡・柏尼菲博士與客戶進行面對面哲學諮商的觀察心得，記錄者是雲門舞集流浪者計畫的得主，也是流浪設計師，「臺灣冷門景點熱血復甦計畫—歐北來」成員陳亦琳。而受諮商的客戶，是一位設計師，女性，也是創業者。這是她第二次接受奧斯卡的當面諮商。（本文經過當事人和陳亦琳的同意露出，希望透過一個不同於阿北的視角，示範哲學諮商如何解決人在工作上面臨的問題。）

你是來旁聽的，幹麼擔心英文不夠好？

哲學課的最後一天，和阿北約了等他們忙完，想過去找他們聊聊。其實腦子也還沒有整理好這兩天的所有收穫，只是覺得就這樣結束有點可惜，阿北也很爽快地答應我，約了晚上七點半在他們飯店碰面。

我提早到了，收到他們要去吃個飯，晚一個小時後到的訊息，當下小小鬆了一口氣，想說可以趁這個時候趕快整理一下自己的想法。還查了一些可能會聊到、但不知道怎麼說的單字。

一小時後，他們來了，問我還好嗎？我忍不住脫口而出：「很緊張。」

他們顯得很訝異：「緊張？為什麼你要緊張？」

「我怕我英文不夠好……。」

擔任對談中翻譯的阿北顯得無法理解：「為什麼？你只是來旁聽的，為什麼要擔心英文不夠好？等下要來面談的客戶，都不會擔心她英文不夠好呀。」

此時我才突然知道，啊，原來不是要閒聊，而是要旁聽客戶的哲學諮商啊。

「我怕有些部分無法理解，還要麻煩你翻譯……。擔心有些東西用中文就已經難以溝通得清楚，還要用英文討論哲學……我怕我跟不上他們。」

「那麼你不應該來這裡啊，」奧斯卡接著說：「今天我們是來談『思考』的，你卻在擔心英文不夠好？那你應該去旁邊的英文補習班，就在那裡，你去吧！」

面對奧斯卡毫不客氣的直接，讓我嚇了一跳，面紅耳赤，但也瞬間意識到，為什麼我會讓恐懼凌駕在求知或溝通的慾望之上，那真的是此時最重要的事嗎？究竟我的恐懼來自哪裡呢？

我那麼努力，他們為什麼還是不喜歡我？

此時要諮商的客戶來了，是一個漂亮的姐姐。他們坐了下來，可能是因為

剛才的事件，奧斯卡示意要我們退到一旁的桌子，連緒老師也一起，不讓他翻譯。

姐姐顯得很訝異：「你不翻譯嗎？」奧斯卡說：「來、來、來，看我，不要看他，今天沒有他的事，你一直看著他我會嫉妒。」

姐姐：「不，你不知道……我的英文很爛的！」

奧斯卡：「你看，為什麼大多數臺灣人，特別是女生，都有這個問題？總是心裡有個聲音告訴自己：『我不夠好』。你看，那邊就有一個例子。」奧斯卡指了指我，瞬間我又感覺臉熱得發燙。

諮商過程中，意外得知眼前這個美麗的姐姐大我近十歲（外表看起來可能跟我差不多年紀吧），是一個有三十個員工的老闆，公司已穩定營運八年，且做的是自己喜歡並能帶來成就感的工作；但因為對自己的高標準與期待，對於他人的負面評價特別難以接受，在她心中有個理想目標，想要變成那樣的人。

儘管擁有這麼多令人稱羨的條件，她卻仍覺得自己不夠好！而我們心裡擁有類似的問題，這讓我十分訝異。

「你為什麼要在意別人的評論？」奧斯卡說。

「我就是不喜歡，我工作得很辛苦耶！」

「我知道你很努力工作，但是你努力工作，跟別人評論你，是兩回事呀！」奧斯卡指了指入口：「今天有一個人走了過來，當你看到他時，你心裡自然會浮現一個評價，甚至說出來，他很年輕、很老、很醜、很漂亮……。評論是人之常情，你也會做一樣的事。對吧？既然你工作時享受其中，那為什麼還要害怕別人的評論？」

「但這不公平啊！我那麼努力……」

「你知道嗎？我覺得世界上最帥的人就是我，但你知道這世界上有多少人也這麼認為嗎？零。」奧斯卡說完，大家一起大笑了。

是你賦予了他們傷害你的力量

奧斯卡繼續說：

這當然不公平，但每個人的觀點本來就不同啊！永遠不可能是公平的。如果他們評論你，能讓他們開心，這不也是一件好事嗎？既然是好事，你幹麼不開心。

而且如果你做你喜歡的事，別人評論你，你就不做，那你就什麼都不會做了。更何況你幹麼把路人想得那麼重要？他們又不是你的客戶，你又不是靠他們活下去的。既然你的客戶喜歡，給你錢，他們的意見才重要吧。

通常人害怕自己不夠好，可能是因為擔心兩個問題：

1. 我不能成長。
2. 我可能犯錯。

可是，你的公司已經存在了八年，你的員工也都有按時領到薪水，並且穩定，所以這已經足以證明你擁有可以解決以上兩個問題的能力了。

你知道你的問題出在哪裡嗎？不在這些人身上，而是因為你的心裡也對自己有同樣負面的評價。你認同他們，所以你才去找出這可能只是百分之一的負面評價，然後告訴自己：「看吧！我果然爛透了！」如果你從未這樣想過，你根本就不會在意！

你的問題是心中的敵人，不是外在的聲音。但你不要忘記了，你心裡還有很大一部分是認同自己的！所以你才會做這份工作。那你為什麼只聽那一小部分的聲音呢？是你賦予他們傷害你的力量，但其實你可以根本不在乎他們。

再來，你太貪心了，你總是看著那些你沒有的，而不是看見你所擁有的。你知道你已經比太多人幸運了嗎？有很多人討厭他們的工作，但你喜歡不要當個乞丐求愛，就在過程中享受作自己吧。

是我們的恐懼讓擔心成真

看著他們又哭又笑的聊著，奧斯卡的話，也一點一點地刺進心裡，彷彿自己也坐在那裡。很快地，一個半小時就這樣過去了，諮商也到了尾聲。

「你看，今天我們用英文完成了整場諮商。」

「……我到現在還不敢相信！」

「你知道為什麼我知道你可以嗎？」

姐姐搖搖頭：「因為你覺得我的英文夠好？」

「不、不、不，這跟英文沒有半點關係，這之中只有一個關鍵的差別，那就是：『我相信你』，但你不相信你自己。」

坐在一旁的我，又再次被震撼到，即使整場沒有任何翻譯，但其實我也能夠完全理解，就像中間聊到「自殘」這個單字，儘管在座的人都不知道這個字，但透過奧斯卡的動作和說明，每個人都理解了。

其實不只是在語言這件事上，就像以前演講會緊張，或是只要面對自己不熟悉的領域、很厲害的人，就會先開始緊張了起來。

但如果足夠渴望，你會透過各種不同努力來達成目標，語言只不過是其中的一個方式。如果你相信自己，其實這些事並沒有那麼困難，而你所擔心的事情有百分之九十都不會發生，是我們的恐懼讓它成真。

結束時奧斯卡問我，你有在她身上看見什麼嗎？我說，我跟她有一樣的問題，總是覺得自己不夠好。他笑著點點頭說：「你們需要想一想，這真的是必須的嗎？你們都需要更相信自己。現在你還需要上英文補習班嗎？」

我趕緊搖搖頭，我們都一起笑了。

24 愛讓我們自由

——愛的條件

你渴望的「真愛」，為什麼總是找不到？

很多人沒有意識到，只要是無法控制的事，像是「你要永遠愛我喔！」無論自以為多麼簡單的條件，其實就像摘天上的星星一樣困難。

有人說愛要兩個人個性相符、價值觀類似、互相深愛對方。也有人更在乎對方的長相，財富，身世。你相信愛應該有條件嗎？

有條件的愛，能夠實現嗎？

你對於愛的條件，又是什麼？

有條件的接受，等於拒絕

東東問我，為什麼他一直找不到真愛。

「我其實只有三個條件：個性相符、價值觀類似、互相深愛對方。這些都是最基本的，不像很多人，我不在乎對方的長相，財富，身世，為什麼還是找不到真愛？我哪裡卡住了？」

我請東東靜下來，花兩分鐘想想這三個「基本條件」：個性相符、價值觀類似、互相深愛對方，算是「困難」還是「簡單」？

「如果想要迎合我的價值觀，可能就會覺得難；對於原本價值觀相似的人，就會覺得簡單。我覺得這不是可以單方面決定的事。」

「所以你要求的條件，根本是你無法控制的事。」我說。

「是的。」

「如果有個人，想要控制無法控制的事，這是個怎樣的人？」我希望用這個問題幫助東東看到自己。

「看他想控制的程度、還有控制什麼東西而定。」

我嘆了一口氣：「東東，你是不是一個很難回答是或不是的人？」

「也要看問題。」東東說，「我認為有些問題有 yes or no，有些問題的答案有灰色地帶。」

東東跟我們大多數人一樣，面對困難的問題時寧可不在 yes or no 之間做選擇，但這對於認識問題、解決問題，不但沒有幫助，反而會造成屏障。

「有人說過你無法乾脆做選擇嗎？」

「沒有。」

「你覺得你很容易做選擇嗎？」我反過來問，確定東東確實想清楚了。

「有人說我做決定很乾脆，但我覺得還是要看事情。」

「你知道在邏輯裡面，說『yes……but（對，但是……）』等於是『不』嗎？」

「不知道呢！」東東顯得有點訝異，「那是什麼？」

於是我說明，「看情形」、「看狀況」、「不一定」，這些我們經常使用的詞，都是等於在回答「不是」，因為邏輯就像路邊的自動販賣機，只能接受「yes」或是「no」，不討價還價，自動販賣機裡面一罐三十元的冰涼飲料，不能因為我們覺得不冰的應該比較便宜，就自己決定只要投二十五元。

選擇「yes」或是「no」在思考上，是一個重要的能力，我們時常會找出一個特殊的反例用來反駁大原則，但這些例外即使真實存在，意義並不大，因為「凡事皆有例外」，沒什麼了不起。當現實狀況確實有百分之一的例外時，究竟代表「yes」還是「no」，仍然是可以選擇、必須選擇的。

所謂「有條件的接受（conditional acceptance）其實等於是拒絕，比如我的法國哲學老師奧斯卡時常用的例子，茱麗葉如果跟羅密歐說，「你買十克拉的鑽戒給我，我就會全心愛你。」你覺得茱麗葉真的愛羅密歐嗎？

貪心的人，不會找到真愛

「回到羅密歐與茱麗葉的例子，茱麗葉愛羅密歐嗎？請在『愛』與『不愛』裡面選一個。」完整說明了以後，我請東東再試一次。

「白雪公主可能真的愛白馬王子，不過也很想要鑽戒。」東東說。

「你看到你的句子是我們剛剛說的『有條件的接受』了嗎？」我笑了。長期累積的壞習慣，真的不是一時一刻能夠改變的。

「單從單一表現，看不出來愛不愛羅密歐啊！」

於是我請東東換個角度想，「如果有一個朋友告訴你，『我女朋友說如果我買十克拉的鑽戒給她，她就會全心愛我。』你會鼓勵他趕快買鑽戒，還是鼓勵他們分手？」

「我會鼓勵他：如果你認為她是你的真愛，你現在要多省點錢。」

「你有發現到，你沒有回答我的問題嗎？」我嘆了一口大氣。

「因為您沒有提出我會想做的選擇呢！」

「我可以叫你 Mr. But，『但是先生』嗎？」

「哈哈哈哈，你要的話可以啊！」至少東東有看到可笑的地方，還有點救。

「你有沒有發現，從我們這一節哲學諮商的開始到現在，你對於要用單純的答案來回答問題，有所抗拒嗎？」

「嗯，也是要看問題的，像是您一開始問的問題，我就說『是的』、『沒有』，但是當提到比較抽象的問題，我就會說要看情形……」

我打斷東東：「你有看到又是一個『但是』嗎？」

「有。」

「你之前有注意過自己這個習慣嗎？」

「有。」

「你覺得原因是什麼？」

「因為我覺得世界上不是只有 yes or no。」

「讓我提出一個你可能沒有想過的可能性。在哲學諮商上，你知道我們怎麼稱呼一個無法在『yes』與『no』之間做選擇，覺得除了回答 yes or no 之外，一定增加解釋才行的人嗎？」

「願聞其詳。」

「我們稱這種人為『貪心』的人。你有想過自己是一個貪心的人嗎？」

一個貪心的人，不會因為遇到一個人，立刻就接受對方是「對的人」而滿足。因為「但是先生」一定會很快就找到對方「不過」、「可是」的種種問題，即使對的人也會變成不對的人。

有條件的接受，等於拒絕。所以對於貪心的人來說，「對的人」是不存在世上的。

會選擇後的下一步是什麼？

「那我應該如何改變自己不要成為貪心之人，然後找到對的人呢？」東東接受了自己之後，顯得有點擔心，「聽你這樣說下來，我好像永遠找不到真愛了。」

意識到自己是一個「貪心」的人，是重要的第一步。你一開始開出來的三個條件，就是白雪公主要的十克拉鑽戒，而且不是一顆、是一次同時三顆。以三顆稀世珍寶的鑽戒為前提來找愛，是不會有愛的。

「所以我不應該對未來的伴侶有任何條件？」

「只要條件在，就算你相信兩人之間是真愛，對方也不會相信。」

「放下鑽戒後，我應該如何找尋對的人？」

我想到在基督教的婚禮上，牧師總是會對著新娘、新郎說：「你願意成為XX的妻子（丈夫），對他信實、保護他、愛他、接納他嗎？」這時新娘、新郎就必須回答：「我願意。」能夠在婚禮上毫不猶豫地回答「yes」是必要的能力。

「你可以想像你在這個關鍵時刻，繼續來『基本上願意，但是……』嗎？」我問東東。

「哈哈哈，這倒是。」東東終於看到了不能做選擇的荒謬性。這是很棒的進步。

「所以阿北的意思是說，只要一直對人生說yes，就會找到人生伴侶？」東東說，「我現在還是有點迷惘，學會說yes or no之後的下一步是什麼呢？還是根本沒有下一步？」

「當你下次遇到一個好像很棒的人，學習用yes or no來問自己『我愛他嗎？』這個問題，沒有『看情形』這一個選項。需要看情形，就是不愛。」

「那學會這個之後，還有下一步嗎？我應該還要注意什麼呢？」

「你對對方的愛是否真實，是唯一需要考慮的；個性相符、價值觀類似都不應該是條件，更激進地說，甚至不管對方愛不愛你。還記得我說的羅密歐與茱麗葉的故事嗎？除了愛，其他的條件都是鑽戒，覺得鑽戒比愛重要的白雪公主，她的世界上是不可能有白馬王子的。」

許多尋找愛情的人，總是預先設定愛情的條件，無論是東東要求的個性相符、價值觀類似、互相深愛對方，還是一九八〇年代日本經濟泡沫時代女性擇偶的「三高」：身高要高、薪水要高、學歷要高，這些條件表面上很基本，好像不多，但是別忘了，只要是有條件的愛，即使一個都嫌多。

25 「從此，他們就過著幸福快樂的日子……」
——愛可以帶來慰藉

在日常生活當中，我們時常會將快樂跟幸福混為一談。其實幸福的來源不等於幸福本身。所以幸福到底是怎樣的東西？

我們從小到大，不知道聽了多少個關於「王子公主從此過著幸福快樂的生活」的童話故事。但是，你有沒有覺得這些故事有點怪怪的？不信的話，請在心裡隨便挑選一個王子公主的童話故事。無論是白雪公主、睡美人、灰姑娘、美女與野獸、小美人魚、青蛙王子、阿拉丁、愛莎公主、風中奇緣、還是格林童話的長髮公主。

首先問自己：王子跟公主相遇前，是不是也過得幸福快樂？為什麼？然後問自己：這個故事裡王子和公主的相遇，是巧合還是命中注定？最後再問自己：王子公主一定要遇見彼此，才能過著幸福快樂的生活嗎？如果王子公主相遇，但是彼此之間沒有愛，也能夠過幸福快樂的生活嗎？回答了這幾個問題之後，你對於「幸福」到底需要有什麼條件，是不是有了新的思考？

幸福快樂的大哉問

我的法國哲學老師奧斯卡．柏尼菲有一本兒童哲學繪本，中文版叫做《幸福是什麼？》，讓我重新思考迪士尼電影裡公主王子的故事，是不是讓我們誤解了幸福的意義？而且，我們真的知道「幸福」跟「快樂」有什麼不一樣嗎？

「不快樂」不等於「不幸福」。因為無論再怎麼「幸福」的人，也有「不快樂」的時候。「高興」也不等於「幸福」。再如何「不幸」的人，每天也多多少少有幾次「高興」的時候。

快樂（Joy），常指個人的、短時間的情緒感受，是一種感受良好時的情緒反應，一種能表現出心理狀態的情緒。而且常見的成因包括感到對健康、安全、愛情等之滿足。快樂最常見的表達方式就是「笑」。而幸福（Happiness）則與「不幸」相對，涉及到與他人、家庭長期而正面的交互過程，以及對事業、生活發展的積極體驗，是一種持續時間的較長心靈滿足。

當一般人忙著追求短暫快樂的時候，哲學家卻對於追求幸福更有興趣。甚至哲學上有專門的「幸福學」（eudaemonics），將幸福視為道德上的最高追求，研究幸福本身，以及什麼樣的人生態度會帶來幸福等等，甚至有「幸福主義」。很多人並不知道，亞里斯多德就是古典幸福主義的代表，而以大多數人的利益為優先的「功利主義」，則是近代哲學中追求幸福的典型。

你認為快樂跟幸福，哪一個更有價值呢？

想要快樂的人也是貪心的人？

對古希臘哲學家亞里斯多德而言，幸福是至善、至美，也是最快樂的，不但是所有事物中最渴望的，也是最好的。他將善分為三種：外在的善（財富、權力、名譽）；身體的善（健康與肉體美）；靈魂的善（節制、勇氣、智慧）。而這三者中，最重要的是靈魂的善，擁有節制、勇氣、智慧的人，是卓越的人，也才能走向幸福。

在日常生活當中，我們時常會將快樂跟幸福混為一談，比如有些人可能聽過所謂的「快樂經濟學」（Happiness economics），其實是一門由理查·萊亞德所開創探討長期的幸福（而不是短暫的快樂）與經濟關係的研究，結合了心理學、經濟學、哲學、社會學、神經科學與社會政策，認為影響幸福有七種重要的因素：個人價值觀、個人自由、健康、朋友和社群、工作、家庭關係、財務狀況。有趣的是，這個理論有一個結論：使我們不幸福的主要原因，在於花太多時間與別人比較。

我想起奧斯卡曾經說：「要當心那些說我什麼都不在乎，只是想要快樂、幸福的人。因為他們正是世界上最貪婪的人。」原因很簡單，因為（任何想要的東西，只要得不到，就會讓人變得不快樂，所以想要快樂的人，其實就是什麼都要的人。想要避免不幸，就要當心貪心的陷阱。）

你也是那種貪心的人嗎？

將大石每天推到山頂的薛西弗斯，每天做同樣的事，就表示他不幸福嗎？

成為佛陀的悉達多太子，為什麼認為幸福可以是外在什麼都沒有？

你有沒有想過，為什麼王子公主都需要愛情才能過著幸福快樂的生活？王子公主如果沒有愛，還能幸福嗎？

為什麼有些人總以為過去比現在幸福，或是幸福總在未來？他們有可能是對的嗎？

梵谷即使一輩子受苦，但是他一直有想做的事，是不是比起對什麼都沒興趣的人，更加幸福呢？

思考幸福的時候，其實也是最幸福的時刻

幸福的來源不等於幸福本身。所以幸福到底是怎樣的東西？亞里斯多德認為，人類的生活可區分為三種類型。第一類是享樂的生活，在這種生活中，將快樂視為幸福。第二類是社會的生活，其中最重要的是名譽。第三類是沉思的生活，是思考有關基於品德的神、世界與自我靈魂的生活。能夠沉思的生活，是亞里斯多德心目中最高貴的生活，所以思考的時候，包括思考「幸福」是什麼，有可能就是我們最接近「幸福」的時刻！

原來，幸福快樂不一定要等待王子公主的相遇，王子公主相遇了也不見得會幸福快樂。

思考雖然不是幸福本身，卻可以是我幸福的來源，而思考時的我，一直是幸福的。你的幸福是什麼？

26 不知道要不要繼續交往下去？
——用愛來操控

哲學諮商師常用在客戶上的三步驟，也可以用來自我諮商。

有一次我在哲學諮商室，採用一個很特別的形式進行，那就是邀集了十多位接受過哲學諮商訓練的準諮商師，同時為一位客戶「多對一」諮商。

首先，客戶露臉，是一位年輕女性，提出了最困擾她的問題：「如何思考要不要與另一半繼續交往下去？」

其實哲學諮商師會用在客戶身上的方法，我們自己也可以學著使用在「自我諮商」，在這裡，介紹最簡單的三個步驟：

步驟一：問自己「誰會問這樣的問題？」
步驟二：提出關鍵問題。
步驟三：根據回答進行觀察與分析。

這次雖然是多對一諮商，但是在自我諮商的時候，我們自己也可以一人分飾兩角，同時扮演哲學諮商師跟客戶「自問自答」。

步驟一：想一想，誰會問這樣的問題？

第一步，我請準哲學諮商師們，每個人從這個客戶提出的問題中，提出三個「預設立場」（presuppositions），藉由問自己「誰會問這樣的問題？」來理解客戶。

這麼做其實跟所謂的「貼標籤」有很類似的地方。在現代生活當中，我們總是被教導著貼別人標籤是一件不好的事，但在哲學諮商當中卻不是如此，只有在貼標籤時過度解釋、自我投射、或不經驗證就當作事實來看待時，貼標籤才會是一件壞事。

現實生活中，我們每見到一個人，聽到一件事，無論我們是否願意承認，當下立刻本來就會產生主觀的評斷，不願意去大膽評斷，並不會讓你變成一個比較好的人，只會讓你失去判斷力，成為一個沒有觀察力的人。

很快的，我們就形成各式各樣的預設，首先讓準諮商師們彼此檢視答案，快速進行分類，找出大家同意對於了解前來諮商的客戶，有幫助的線索，這些是準諮商師們都同意的：

- 客戶有正在交往的伴侶。
- 客戶和她的男友感情有了問題。
- 客戶可能遇到導致不繼續交往的事情發生。
- 客戶有想要分手的想法。
- 客戶目前是在一種猶豫不決的心理狀況。

- 客戶還是對她男友有感情上的依戀。
- 客戶認為透過思考可以回答這個問題。
- 客戶想尋找思考更清楚的方法。
- 客戶面對感情問題，需要參考別人的意見。
- 客戶想思考什麼條件的另一半值得長久交往。
- 客戶很重視交往這件事，不希望只是試驗性，想慎思找到真命天子。
- 客戶想以理性的思考去選擇。
- 客戶對自己的思考方式沒有信心。
- 客戶不相信自己對另一半的感覺。
- 客戶不知道該如何和另一半繼續發展。
- 客戶是個感性的人。
- 客戶對現在的關係有著不安全感。
- 客戶只有考慮交往與不交往的選項，沒有想要改變交往方式。
- 客戶覺得這是一個可以根據理性思考解決的問題。

• 客戶想要透過哲學提問釐清困擾。
• 客戶對於這個對象還有留戀。
• 客戶認為現在是一個抉擇的關鍵點，而不是以後。

吃驚嗎？其實只要經過訓練，即使單從一個問句，也可以看到非常多關於這個人的細節。

接下來，另外篩選出一些需要提出來的預設，檢驗這些「特別」的預設立場，究竟是因為準諮商師特別有洞見，可以推敲出一般人觀察不到的細節？還是太過自信，做出沒有根據的臆測？

比如有人說，這客戶會問這樣的問題，是因為認為思考有一個「正確」的方式，但是思考真的有「正確」的方式嗎？如果這個預設是真的，那麼代表這個客戶可能是想法比較僵固、缺乏想像力的人。但做為諮商師，我們只能把這個當作一個未經驗證的想法，做為參考。

另外，有準諮商師認為客戶想要「實際的解決方案」，但是經過準諮商師之間相互討論之後，就發現客戶其實想要的是「透過思考來解決目前關係上的困擾」，這兩者是有本質上差異的。

也有人說「客戶身邊可能出現其他的追求者」，或客戶想要「自由」，對另一半沒有想要繼續發展的意願，也有人認為客戶認為交往有所謂「階段性」的發展目標，但仔細思考，就會發現準諮商師其實犯了「過度解釋（over-interpretation）」的問題，用自己的情感投射來解讀，而不是客戶真正的意思。

有趣的是，其中一位準諮商師提出來這客戶是「第一次交往經驗」的大膽預設，結果證實確實是如此！大家都忍不住驚呼「光從這個提問，你是怎麼看出來的？」所以預設立場的能力高下，確實對於哲學諮商的品質，從一開始就會有很大的影響，正是所謂的「行家一出手，便知有沒有」，而這種能力，其實是透過對人細微的觀察，長期訓練而來的。

步驟二：提出關鍵問題

接下來，每個人要像棋手一樣，運用自己認為最有效的策略，規畫一組三個問題，向客戶提出來，用好問題來面對客戶提出的問題。

問題要有效，而且能夠幫助客戶去思考他自己原本沒有辦法想到的深度。比如有兩位準諮商師，就各提出一組相當有效的問題。第一組是這樣的：

問一：「你最想從這段關係中得到的三種東西是什麼？」

答一：「溫暖，自我成長，安全感。」

問二：「這些東西，一定要從與另外一個人的關係裡得到嗎？」

答二：「不一定。」

問三：「如果有一個人跟你說，他最想從兩人關係中得到的是『自我成長』，『溫暖』和『安全感』，你認為這是個怎樣的人？」

答三：「一個自私、缺乏安全感的人。」

第一組問答效果相當好，因為從很清楚的簡單問答當中，客戶可能生平第一次意識到，在愛情關係當中，自己是相當自我中心、自私的。所以雖然哲學諮商師不知道客戶跟另一半遇到的問題是什麼，但極可能已經幫助客戶看到自己的「盲點」，知道怎麼進一步思考下去。

另一組相當有效的問題是這樣的：

問一：在今天之前，你思考過這個問題嗎？

答一：有的，在幾個月前。

問二：幾個月前你在思考這件事時，遇到了什麼困難？

答二：當時想了一半就中斷了，沒有繼續想下去。

問三：這個困難是怎麼造成的？

答三：因為當時對方有改善，所以就擱在一邊。

第二組的問答效果也很好，因為客戶原本已經忘記幾個月前其實有過類似的情形，一旦被提醒之後喚起記憶，發現原來覺得不可能解決的問題，其實是可能解決，而且有過成功的例子，只是因為現在煩惱的當下，所以忘記當時的解決方法。客戶被提醒後，就可能可以複製上次的經驗，再次解決問題。

因此，哲學諮商師的角色，並不是「回答」客戶的問題，而是啟動客戶的思考。比如在這個例子中，提醒客戶想在這段關係裡要的是什麼？如果這些東西那麼重要，另一半對客戶而言，是「工具人」還是「累贅」？另外，如果有辦法透過溝通，從對方身上得到需要的協助，客戶願不願意去進行溝通？用問題來引導思考，往往會得到非常好的效果，但前提是哲學諮商師必須是一個很好的棋士，知道如何運用有效的策略。

通常一個完整的哲學諮商，五十分鐘之內，大約會有二十組以上有效的問答（當然也會難免有些無效的），到了諮商的最後，客戶通常可以透過哲學諮商師的協助，思考之後找到自己一開始提出問題的滿意答案。

步驟三：根據回答進行觀察與分析

觀察、分析的過程，發生在得到一個來自客戶的回答，跟提出下一個問題之前的短暫時間，讓每一個問題都環環相扣，達到幫助客戶深入思考的效果。比如在「你最想從這段關係中得到的三種東西是什麼？」「溫暖，自我成長，安全感。」這組問題中，哲學諮商師就可以有這兩個觀察跟三個分析：

觀察一：「溫暖」和「安全感」都和「別人」有關。

觀察二：「自我成長」只跟「自己」有關。認為愛情關係是為了得到自我成長，這個答案相當不尋常，值得深究。

分析一：客戶一個人（單身）時，無法感受到溫暖和安全感，是個害怕孤單、依賴心強的人。

分析二：客戶想在兩人關係中得到持續成長，如果無法持續成長，就會考慮結束這段關係，要不是缺乏談感情的經驗，可能就是因為「貪婪」。

分析三：客戶把兩人關係當作「自我成長」的工具，如果不是缺乏談感情的經驗，最可能的原因是「自私」。

根據觀察跟分析之後，要怎麼問下一個問題，才會很有效的得到「澄清」（clarification）的效果呢？

我會選擇問：「這是不是你第一次談感情？」

但是另一位哲學諮商師，可能會選擇往客戶是否怕孤單、貪婪、自私的方向進行澄清，因此用比較迂迴的方式問客戶：「如果有一個人跟你說，他最想從兩人關係中得到的是『自我成長』，『溫暖』和『安全感』，你認為這是一個怎樣的人？」

這時因為客戶回答：「一個自私、缺乏安全感的人。」

哲學諮商師就可以問客戶：「你是一個自私、缺乏安全感的人嗎？」

客戶接下來的答案，就可以得到澄清的效果。因為如果客戶說不是，那麼就可以回到「這是不是你第一次談感情？」的問題。不管選擇哪一條路徑，都可以知道客戶究竟是因為缺乏談感情的經驗，還是一個貪婪、自私的人。就像不同的醫師問診，每個醫師方式雖然不同，結果都應該能夠殊途同歸。

隔天，我請客戶反饋，問他對這個特別的多對一諮商有什麼感想，他說除了得到三個很能夠幫助自己思考的問題，也很開心能參加，「有點像旁聽一堂沒基礎但有興趣的課」，接著客戶又很有興趣地問我：「為什麼要提出預設呢？它的功能是什麼？」我一面回答，一面很開心地知道，哲學思考的種子，又在一個客戶的腦子裡慢慢發芽了。

27 愛這麼危險，我們真能夠「為愛而活」？

——把愛當作義務

愛雖然表面上可以賦予我們生活意義，卻是一個非常高風險的投資操作，我們必須理解，雖然買了彩券，但在中獎之前，獎並不屬於我們。當我愛著一個人時，無論是渴望的戀愛對象、自己的孩子或父母，他們都不屬於我。

這裡首先記錄一段我的兩個哲學工作坊學生橘哥和戚戚關於愛的諮商對話：

戚戚：為什麼我總是想要被愛？

橘哥：被愛是什麼感覺？

戚戚：連結。

橘哥：所以你想要跟別人有連結？

戚戚：對。

橘哥：你有看到你是被動的嗎？

戚戚：有。

橘哥：會不會你想要被愛是跟自己沒有連結？

戚戚：對。

橘哥：為什麼你跟自己失去連結？

戚戚：因為我是被動的。

橘哥：被動跟失去連結的關係是什麼？

戚戚：好像沒有關係。

根據我的觀察，其實這個問題很不錯，可惜對於客戶來說太過抽象，太過困難，無法回答。還好橘哥立刻做了調整。

橘哥：「為什麼你不敢跟自己連結？」

戚戚自問自答：「我不敢跟自己連結，為什麼？」沉默了一會兒，似乎找到原因了。「因為要做決定，害怕承擔風險。」

橘哥：「為什麼害怕做決定？」

戚戚：「不敢承擔風險。」

橘哥：「你有發現這就是你被動的原因嗎？」

戚戚：「有。常常我們以為我們只要不行動，風險就不會發生。」

橘哥：「被動和主動，哪個風險比較高？」

戚戚：「主動風險比較高。」

橘哥：「為什麼？」

戚戚：「主動代表有可能被拒絕，跟承擔責任。」

橘哥：「你的意思如果是別人喜歡你，你就不用負責任嗎？」

戚戚：「我不是這種人，我會負責任。」

橘哥：「你是不是在欺騙自己？因為不管主動或是被動，只要進入關係你就有責任？」

戚戚：「有看到。我們往往以為只要不做決定就不會有後果，所以害怕做決定，會以為我不主動就不用去承擔，不承擔沒有關係，但要看得到後果，因為被愛就變成是，我好像跟別人借來的愛要還人家，所以當對方離開，就失去你以為是自己的東西。」

橘哥：「被動是不是只能等待事情發生？」

戚戚：「對。」

橘哥：「如果你今天出去玩，在野外等不到車，你會不會走路回家？」

戚戚：「會。」

橘哥：「你走路回家是主動還是被動？」

戚戚：「主動。」

橘哥：「在那邊等你喜歡的陌生人憑空出現來載你的風險比較高，還是自己走路回家的風險比較高？」

戚戚：「等人家。」

橘哥：「那你有看到被動的風險比主動還要高嗎？」

戚戚：「現在看到了。原本沒看到。」

橘哥：「那你覺得主動跟被動的差別是什麼？」

戚戚：「主動就可以有選擇，被動就沒有選擇，風險會更高。」

橘哥：「你可以控制人家愛你嗎？」

戚戚：「不行。」

橘哥：「愛不愛你是不是別人決定的？」

戚戚：「對。」

橘哥：「有沒有哪一種愛是自己可以決定的？」

戚戚：「愛……自己？跟……愛別人？」

因為被愛是不確定的。我們卻渴望被愛，就是選擇進入不確定。主動給出愛卻是我們可以確定的，但是很多人忘記愛是自己單方面就可以給予的東西，甚至不需要對方的同意。

橘哥：「你有看到主動的好處嗎？」

戚戚：「有，也許是對方主動，我才喜歡他！」

橘哥：「會不會你開始主動以後，也會開始喜歡自己？」

這真是有趣的青春對話。

實際上，「愛」在哲學諮商裡，是從來不曾停止出現的話題。實際上，應該說「愛」是一個無論在心理諮商到塔羅牌，行銷學到觀落陰，只要有人類的心智，就不會停止的話題。

我想起曾經有一個俄國學生問我的法國哲學老師奧斯卡：「人類之所以那麼強調愛，是不是因為愛是人類最佳的生存機制？」

「世界上根本沒有什麼最佳的生存機制！」奧斯卡以他一貫的不以為然，

吐了一口小雪茄的煙，似笑非笑地說。「因為要知道生存機制取決於人：人的功能，人的價值觀和人的興趣。」

意思就是說，如果不知道一個人在世界上扮演的功能，就不可能知道愛在他的身上扮演的功能。如果我們不知道這個人的價值觀，又要如何知道愛對這個人的生存會有著什麼樣的影響呢？甚至，如果不知道一個人的興趣，就無從知道這個人對愛的哪一個方面最感興趣。比如說有些人對於愛可以帶來的「控制」著迷，而有些人對於隨著愛而來的「性吸引力」更感興趣。

因此，愛情可以成為某些人賴以為生的生存機制，卻不必然是其他人的生存機制。因此，有愛是不是對生存最好的？為了生存需不需要愛的機制？這些對於這位年過七十的法國哲學家來說，竟然是沒有太大意義的討論。

愛的風險豪賭

雖然這樣的答案不符合我們對於法國人的浪漫想像，但我們還是看到了一個重要的觀點：對於已經決定把愛作為生存機制的人來說，就會本能地做到「用愛發電」，為了愛活下來。

這只是一個非理性的選擇而已，跟我們決定買彩券的時候，要讓電腦隨機選號，還是自己選號一樣。既然已經選擇了賭博，那麼，由誰來選比較好？怎麼選？其實都是沒什麼意義的細節。

我們總是在電視連續劇裡看到男女主角只有在快活不下去時才會說出「至少我們還有愛！」這種灑狗血的話。不信的話可以想想，我們什麼時候聽過人在富裕、順境的時候，說出「至少我們還有愛」這種話？

所以，在愛這場賭局，你押了多少的自己作為賭注？為什麼你這麼做？接下來，這場賭局會有怎樣的發展？這才是哲學家覺得有興趣的主題。

因為所謂的「生存機制」，其實就是賦予我們生命價值的東西，給了我們生命的意義，讓我們決定活下來是值得的，而不選擇死亡。

當然，生活就是各種艱苦跟各種無效的努力，各式各樣的問題讓我們質疑自己存在這個世界上的必要性：來自於外界的實際困難、來自於別人的閒言閒語、來自於我們自己心裡的懷疑……面對這種種質疑是痛苦的，是難以解決的。因此，生存機制就是藉由賦予我們生活各種意義和價值，讓我們覺得自己過得幸福。

「幸福」，是一個充滿說服力的想像，讓我們決定活下來。儘管實際生活的方方面面，存在各種困難，但只要有著對幸福的想像，儘管有困難、有恐懼，生活也會因此變得可以接受，甚至相當愉快。

像極了愛情。

這世界上，哪有保證中獎的獎券？

愛情當然可以是賦予生命意義的一種價值，有些人甚至會公開宣稱，愛對他們來說是最重要的價值，讓生活產生各種美好滋味，使生命變得輕盈愉悅，沒有愛就活不下去。但在這麼說的同時，也就暴露了愛情作為生存機制的概念，本身就有很大的問題。因為既然強調「生存」，就意味著活下來的本質是相當痛苦的，「生存」這個慾望，本身就出自於絕望。因此，在愛情裡，那個想盡辦法要活下來的人，很可能就會對愛情提出許多要求——而且有很多是不合理的要求——就像要求彩券的號碼要符合幸運的預感，設計要精美，價錢要便宜，獎額要巨大，還要保證中獎。

一旦我們對某件事提出了很多要求，尤其是對像愛情這種高度不穩定的東西，通常意味著失敗，因為我們對別人的期望總是過高。

但在這個幾乎注定失敗的同時，我們又會啟動另一種生存機制：當我們看見那些在愛情中成功的特例，那些外表看起來像是愛情事業兩得意的人生勝利組，我們就激起了願意為愛情冒風險的賭性，就會明知可能粉身碎骨也願意孤注一擲，尤其是當大多數人在談論愛情的時候，都沒有說出愛對他們真正的意義其實不是去「愛」，而是期望「被愛」，這一來風險就更大了。

因為愛如果只是去愛人的能力，那麼成功機率是很大的。任何迷戀過明星的少男少女都知道，單向的愛多麼簡單，只要瘋狂去愛就行了，這個明星，無論是藝人還是運動員，甚至不需要知道你的存在，也不影響你對他的愛，你也不需要先經過他的許可或同意書才允許愛對方，只要你不做得太過分，對方通常也不會到法庭上去控告你。

但是，如果把「被愛」當成是對愛情的期望，那就完全不同了。「被愛」需要依靠對方完成，而對方可能有更重要的事要忙：忙於自己的存在，專注於自己的慾望和願望（包括自己想要的「被愛」）。因此，除非極端幸運，對方很大概率無法滿足我們在愛的概念中的所有期望，無法像我們期望的那樣愛我們、用我們期望的那種方式來愛，或者，對方可能會背叛我們——通常稱為「被拋棄」。

過分為愛焦慮，不會讓你真的被愛

如果愛被我們當成生存的機制，只是讓我們活得更加困難，不但在我們自己身上施加太大的壓力，為了得到愛過分忍受，期望某些不可能發生的事情，不可能中的彩券頭獎，而變得非常緊張，同時也讓對方變得非常焦慮，這種生存機制，不但對愛情關係沒有幫助，對於我們想要被愛也無濟於事。

因此，我們可以得出一個結論，愛雖然表面上可以賦予我們生活意義，但是這是一個非常高風險的投資操作，如果我們是理性的投資人，卻過度投資愛，可能就會對於它的低收益感到失望，甚至感到痛苦。

我們必須理解，雖然買了彩券，但在中獎之前，獎並不屬於我們。當我愛著一個人時，無論是渴望的戀愛對象、自己的孩子或父母，他們都不屬於我。他們都早有了更重要的事情在忙了，就像前面說過的：忙於自己的存在，專注於自己的慾望和願望（包括自己想要的「被愛」）。

如果我們有這種自覺，就可以把愛當成一種生存機制，否則生存機制就只會成為自毀機制。

YLB146

現在這樣的我，愛著現在這樣的你
——褚士瑩's Book of LOVE

作者 ———— 褚士瑩

編輯總監 ——— 周惠玲
行銷企畫 ——— 雪儂盒、廖婉婷
校對 ———— 野花子、萬淑香
封面設計 ——— 黃淑雅
內頁美術 ——— 葉欣玫

發行人 ———— 王榮文
出版發行 ——— 遠流出版事業股份有限公司　104005 臺北市中山北路一段 11 號 13 樓
郵撥：0189456-1　電話：（02）2571-0297　傳真：（02）2571-0197
著作權顧問 —— 蕭雄淋律師
輸出印刷 ——— 中原造像股份有限公司
初版一刷 ——— 2025 年 5 月 31 日

YLib 遠流博識網 http://www.ylib.com　Email: ylib@ylib.com
遠流粉絲團 http://www.facebook.com/ylibfans

定價 ———— NT$ 360 元
ISBN ———— 978-626-418-176-1（平裝）

國家圖書館出版品預行編目（CIP）資料

現在這樣的我，愛著現在這樣的你：褚士瑩's book of love／褚士瑩文 . -- 初版 . -- 臺北市：遠流出版事業股份有限公司，2025.05
面；　公分
ISBN 978-626-418-176-1（平裝）

1.CST：戀愛　2.CST：戀愛心理學　3.CST：性別關係

544.37　　114004839